【晉】杜　預　撰　【唐】陸德明　音義
年表【□】□　□撰　名號歸一圖【後蜀】馮繼先　撰

武英殿仿相臺岳氏本五經

春秋經傳集解

五

上海古籍出版社

本册目録

春秋經傳集解昭公五第二十四

盡二十二年

經十有八年春王三月曹伯須卒未同盟而赴以名夏五月壬午宋衛陳鄭災來告故書。天火曰災六月邾人入鄅鄅國今琅邪開陽縣○鄅音禹。又音矩秋葬曹平公冬許遷于白羽自葉遷也。畏鄭而樂遷。故以自遷爲文。○葉始涉反

傳十八年春王二月乙卯周毛得殺毛伯過毛伯過。周大夫。得。過之族。○過平聲而代之代居其位萇弘曰毛得

必亡。是昆吾稔之日也。侈故之以。昆吾夏伯也。稔熟也。侈惡積熟。以乙卯日與桀同誅。○萇音長。而毛得以濟侈於王都。不亡何待。爲二十六年毛伯奔楚傳。

三月。曹平公卒。爲下會葬。

見原伯起本。

夏五月。火始昏見。火心星。○見賢遍反。丙子風。梓愼曰。是謂融風。火之始也。東北曰融風。融風木也。木火母。故曰火之始。七日其火作乎。從丙子至壬午七日。壬午水火合之日。故知當火作。戊寅風甚。壬午大甚。宋衛陳鄭皆火。梓愼登大庭氏之庫以望之。大庭氏。古國名。在魯城內。魯於其處作庫。高顯。故登以望氣參近占以審前年之言曰。宋衛陳鄭也。數日。皆來告火。言經所以書（數）所主反裨竈曰。不用吾言。鄭又將火前年裨竈欲用瓘斝禳火子產不聽。今復請用之鄭人請用之信竈言子產不可。子大叔曰。寶以保民也。若有火。國幾亡。可以救亡。子何愛焉。子產曰。天道遠。人道邇。非所及也。何以知之。竈焉知天道。是亦多言矣。豈不或信。多言者或時有中（幾）音祈。又音機遂不與。亦不復火傳言天道難明。雖裨竈猶不足以盡知之鄭之未災也。里析告子產曰。將有大祥。里析。鄭大夫。祥。變異之氣。民震動。國幾亡。吾身泯焉。弗良及也。言將先災死。○先悉薦反國遷其可乎。子產曰。雖可。吾不足以定遷矣。子產知天災不可逃。非遷所免。故託以知不足。及火。里析死矣。未葬。子產使輿三十人。遷其柩。以其嘗與己言故。火作。子產辭晉公子公孫于東門。晉人新來未入。故辭不使前也。使司寇出新客。新來聘者。禁舊客勿出於宮。不使爲其知國情。不欲令去。使子寬子上。巡羣屏攝至于大宮二子。鄭大夫。屏攝。祭祀之位。大宮。鄭祖廟。巡行宗廟。不得使火及之。(屏)上聲使公孫登徙大龜登。開卜大夫使祝史徙主祏於周廟告于先君祏。廟主石函。周廟。厲王廟也。有火災。故合羣主於祖廟。易救護。(祏)音石使府人庫人各儆其事儆。備火也商成公儆司宮商成公。鄭大夫。司宮。巷伯寺人之官出舊宮人寘諸火所不及舊宮人。先公宮女司馬司寇列居火道備非常也行火所焮焮。炙也。(焮)許靳反城下之人伍列登城爲部伍登城。備姦也明日使野司寇各保其徵野司寇。縣士也。火之明日。

四方乃間災。故戒保所徵役之人郊人助祝史除於國北爲祭處於國北者就大陰禳火禳火于玄冥回祿玄冥。水神。回祿。火神祈于四鄘鄘。城也。城積土。陰氣所聚。故祈祭之。以禳火之餘災。鄘音容書焚室而寬其征與之材征。賦稅也三日哭國不市示憂戚。不會市使行人告於諸侯宋衛皆如是陳不救火許不弔災君子是以知陳許之先亡也不義所以亡

六月鄅人藉稻鄅。妘姓國也。其君自出藉稻。蓋履行之。妘音云邾人襲鄅鄅人將閉門邾人羊羅攝其首

焉斬得閉門者頭遂入之盡俘以歸郳子曰余無歸矣從帑於邾邾莊公反郳夫人而舍其女爲明年宋伐邾起○帑音奴秋葬曹平公往者見周原伯魯焉周大夫原伯魯與之語不說學歸以語閔子馬閔子馬曰周其亂乎夫必多有是說而後及其大人國亂俗壞言者適多漸以及大人大人在位者○說學音悅大人患失而惑又曰可以無學無學不害患有學而失道者以惑其意不害而不學則苟而可以爲無害遂不學則皆懷苟且

於是乎下陵上替能無亂乎夫學殖也不學將落原氏其亡乎殖生長也言學之進德如農之殖苗日新日益○殖時力反七月鄭子產爲火故大爲社爲治也○爲火于僞反○下將爲同祓禳於四方振除火災禮也振弃也○祓芳佛反乃簡兵大蒐將爲蒐除治兵於廟城內地迫故除廣之子大叔之廟在道南其寢在道北其庭小庭蒐場也過期三日處小不得一時畢○處昌慮反使除徒陳於道南廟北曰子產過女而命速除乃毀於而鄉而女

子產朝（朝君）過而怒之（怒不毀也。毀女所鄉。○女音汝。鄉許亮反）除者南毀子產及衝使從者止之曰毀於北方（言子產仁不忍毀人廟）火之作也子產授兵登陴子大叔曰晉無乃討乎（辭晉公子公孫而授兵似若叛晉）子產曰吾聞之小國忘守則危況有災乎國之不可小有備故也既晉之邊吏讓鄭曰鄭國有災晉君大夫不敢寧居卜筮走望不愛牲玉鄭之有災寡君之憂也今執事撊然授兵登陴。撊然勁忿貌○撊遐板反將以誰罪邊人恐懼不敢不告子產對曰若吾子之言敝邑之災君之憂也敝邑失政天降之災又懼讒慝之間謀之以啓貪人荐爲敝邑不利荐重也○閒去聲以重君之憂幸而不亡猶可說也說解也不幸而亡君雖憂之亦無及也鄭有他竟望走在晉言鄭雖與他國爲竟每瞻望晉歸赴之既事晉矣其敢有二心傳言子產有備楚左尹王子勝言於楚子曰許於鄭仇敵也。而居楚地。以不禮於鄭十五年。平王復遷邑。許自夷還居葉。恃楚而不事鄭晉鄭方睦。鄭若伐許。而晉助之。楚喪地矣。君盍遷許。許不專於楚自以舊國。不專心事楚鄭方有令政。許曰。余舊國也許先鄭封鄭曰。余俘邑也隱十一年。鄭滅許而復存之。故曰我俘邑葉在楚國。方城外之蔽也爲方城外之蔽障土不可易易。輕也。易以豉反○國不可小謂鄭許不可俘。讎不可啓。君其圖之。楚子說。冬。楚子使王子勝遷許於析。實白羽於傳時白羽改

爲析

經十有九年春宋公伐邾（爲郳）夏五月戊辰許世子止弒其君買（加弒者責止不舍藥物○舍音捨）己卯地震（無傳）秋齊高發帥師伐莒冬葬許悼公（無傳）

傳十九年春楚工尹赤遷陰于下陰（陰縣今屬南鄉郡）令尹子瑕城郟叔孫昭子曰楚不在諸侯矣其僅自完也以持其世而已（遷陰城郟皆欲以自完守）楚子之在蔡也（葢爲大夫時往聘蔡）郹陽封人之女奔

之生大子建郹陽蔡邑郹古闃反○及即位使伍奢爲之師伍奢伍舉之子伍員之父○員音云費無極爲少師無寵焉欲譖諸王曰建可室矣室妻也王爲之聘於秦無極與逆勸王取之正月楚夫人嬴氏至自秦王自取之故稱夫人至爲下拜夫人起○與音預嬴音盈鄅夫人宋向戌之女也故向寧請師寧向戌子也請於宋公伐郳○向傷亮反戌音恤二月宋公伐邾圍蟲三月取之蟲邾邑不書圍取不以告○蟲直中反乃盡歸鄅俘夏許悼公瘧五

月戊辰飲大子止之藥卒止獨進藥不由醫○瘧魚略反大子奔晉書曰弒其君君子曰盡心力以事君。舍藥物可也藥物有毒當由醫非凡人所知譏止不舍藥物所以加弒君之名○舍音捨邾人郳人徐人會宋公乙亥同盟于蟲終宋公伐邾事○郳五兮反楚子爲舟師以伐濮濮南夷也費無極言於楚子曰晉之伯也邇於諸夏而楚辟陋故弗能與爭若大城城父而寘大子焉城父今襄城城父縣○伯音霸又如字辟四亦反以通北方王收南方。是得天下也。王説。從之。故大子建居于城父。令尹子瑕聘于秦。拜夫人也。爲明年譜大子張本。改以爲夫人遣謝秦秋。齊高發帥師伐莒莒不事齊故莒子奔紀鄣紀鄣。莒邑也。東海贛榆縣東北有紀城。○鄣音章使孫書伐之孫書。陳無宇之子。子占也初莒有婦人。莒子殺其夫。已爲嫠婦寡婦爲嫠。○嫠力之反及老。託於紀鄣。紡焉以度而去之因紡纑。連所紡以度城而藏之。以待外攻者。欲以報讎。○紡芳往反度待洛反及師至。則投諸外投繩城外。隨之而出或獻諸子占子占使師夜縋而登緣繩登城登者六十人縋絕師鼓譟城上之人亦譟莒共公懼啓西門而出七月丙子齊師入紀傳言怨不在大是歲也鄭駟偃卒子游娶於晉大夫生絲弱子游駟偃也弱幼少其父兄立子瑕子瑕子游叔父駟乞子產憎其爲人也憎子瑕且以爲不順舍子立叔不順禮也弗許亦弗止許之爲違禮止之爲違衆故中立駟氏聳聳懼也他日絲以告其舅冬晉人使以幣如鄭問駟乞之立故駟氏

懼。駟乞欲逃。子產弗遣。請龜以卜。亦弗予。大夫謀對。子產不待而對客曰。鄭國不天（不獲天福）寡君之二三臣。札瘥夭昏（夭死曰札。小疫曰瘥。短折曰夭。未名曰昏）今又喪我先大夫偃。其子幼弱。其一二父兄懼隊宗主。私族於謀。而立長親（於私族之謀。宜立親之長者）寡君與其二三老曰。抑天實剝亂是吾何知焉（言天自欲亂駟氏。非國所知）諺曰。無過亂門。民有兵亂。猶憚過之。而況敢知天之所亂。今大夫將問其故抑寡君實不敢知其誰實知之平丘之會在十三年。〔過〕古禾反。下同君尋舊盟曰無或失職若寡君之二三臣其即世者晉大夫而專制其位是晉之縣鄙也何國之爲辭客幣而報其使晉人舍之遣人報晉使。〔使〕所吏反楚人城州來沈尹戌曰楚人必敗十三年。吳縣州來。今就城而取之。戌莊王曾孫葉公諸梁父也。〔戌〕音恤〔葉〕始涉反昔吳滅州來在十三年子旗請伐之王曰吾未撫吾民今亦如之而城州來以挑吳能無敗乎。侍者曰。王施舍不倦。息民五年。可謂撫之矣。戌曰。吾聞撫民者。節用於內。而樹德於外。民樂其性。而無寇讎。今宮室無量。民人日駭。勞罷死轉。轉遷徙也。○挑徒了反罷音皮忘寢與食。非撫之也。傳言平王所以不能霸鄭大水。龍鬭于時門之外洧淵。時門。鄭城門也。洧水出滎陽密縣。東南至潁川長平入潁。○洧于軌反國人請爲禜焉。子產弗許。曰。我鬭。龍不我覿也。覿見也。○禜爲命反龍鬭。我獨何覿焉。禳之則彼其室也。淵。龍之室。吾無求於龍。龍亦無求於我。乃止也。傳言子產之知。令尹子瑕言蹶由於楚子。蹶由。吳王弟。五年。靈王執以歸。○蹶九衛反曰。彼何罪。諺所謂室於怒市於色者。楚之謂矣。言靈王怒吳子而執其弟。猶人忿於室家而作色於市人。舍前之忿可也。乃歸蹶由。言楚子能用善言。

經二十年春王正月。夏。曹公孫會自鄸出奔宋。無傳。晉有玉帛之使來告。故書。鄸。曹邑。○鄸莫公反。一亡增反秋。盜殺衛侯之兄縶。齊豹作而不義，故書曰盜。所謂求名而不得。○縶，張立反。冬十月，宋華亥、向寧、華定出奔陳。與君爭而出，皆書名，惡之。○華，戶化反。十有一月辛卯，蔡侯廬卒。無傳。未同盟而赴以名。○廬，力烏反，又力於反。

傳二十年春王二月己丑，日南至。是歲朔旦冬至之歲也。當言正月己丑朔日南至。時史失閏，閏更在二月後，故經因史而書正月，傳更具於二月。記南至日，以正歷也。梓慎望氛，氛，氣也。時魯侯不行登臺之禮，使梓慎望氣。曰：「今茲宋有亂，國幾亡，三年而後弭。蔡有大喪爲宋華向出奔。蔡侯卒傳叔孫昭子曰然則戴桓也戴族華氏桓族向氏。汏侈無禮已甚亂所在也傳言妖由人興費無極言於楚子曰建與伍奢將以方城之外叛自以爲猶宋鄭也齊晉又交輔之將以害楚其事集矣王信之問伍奢伍奢對曰君一過多矣一過納建妻何信於讒王執伍奢忿奢切言使城父司馬奮揚殺大子未至而使遣之知大子寃。故遣令去三月大子建奔宋王召奮揚奮揚使城父人執已以至王曰言出於余口入於爾耳誰告建也對曰臣告之君王命臣曰事建如事余臣不佞（佞才也）不能苟貳奉初以還（奉初命以周旋）不忍後命故遣之既而悔之亦無及已王曰而敢來何也對曰使而失命召而不來是再奸也（奸犯也使所吏反又如字）逃無所入王曰歸從政如他日（善其言舍使還）無極曰奢之子材若在吳必憂楚國盍以免其父召之彼仁必來不

然將爲患王使召之曰來吾免而父棠君尚謂其弟員棠君奢之長子尚也爲棠邑大夫員尚弟子胥○員音云曰爾適吳我將歸死吾知不逮自以知不及員○知音智我能死爾能報聞免父之命不可以莫之奔也親戚爲戮不可以莫之報也奔死免父孝也度功而行仁也仁者貴成功○度待洛反擇任而往知也員任報讎○任音壬知死不辟勇也尚爲勇父不可棄俱去爲棄父名不可廢俱死爲廢名爾其勉之相從爲愈愈差

也伍尚歸。奢聞員不來。曰楚君大夫其旰食乎（將有吳憂。不得早食。○旰古旦反）楚人皆殺之。員如吳言伐楚之利於州于（州于。吳子僚）公子光曰是宗爲戮。而欲反其讎。不可從也（光。吳公子闔廬也。反。復也。）員曰。彼將有他志（光欲弑僚。不利員用事。故破其議。而員亦知之）余姑爲之求士而鄙以待之（計未得用。故進勇士以求入於光。退居邊鄙。○爲于僞反）乃見鱄設諸焉（鱄諸。勇士。○見賢遍反。鱄音專）而耕於鄙（爲二十七年吳弑僚傳）宋元公無信多私。而惡華向。

華定華亥與向寧謀曰亡愈於死先諸恐元公殺己。欲先作亂（惡）烏路反華亥僞有疾以誘羣公子。公子問之則執之夏六月丙申殺公子寅公子御戎公子朱公子固公孫援公孫丁拘向勝向行於其廩八子皆公黨。廩魚呂反。又如字（御）公如華氏請焉。弗許遂劫之劫公癸卯取大子欒與母弟辰公子地以爲質欒景公也辰及地皆元公弟。（質）音致。案公子辰是景公之母弟。地是辰兄。當爲元公之子。今作元公弟誤公亦取華亥之子無慼向寧之子羅華定之子啓與華氏盟以爲質（爲此冬華向出奔傳）衛公孟縶狎齊豹（公孟靈公兄也。齊豹齊惡之子。爲衛司寇。狎輕也）奪之司寇與鄄（鄄豹邑。鄄音絹）有役則反之無則取之（縶足不良。故有役則以官邑還豹使行）公孟惡北宮喜褚師圃欲去之（喜貞子。惡烏路反　褚中呂反）公子朝通于襄夫人宣姜（宣姜靈公嫡母。朝如字）懼而欲以作亂故齊豹北宮喜褚師圃公子朝作亂

初齊豹見宗魯於公孟（薦達也。見賢遍反）爲驂乘焉

爲公孟驂乘將作亂。而謂之曰。公孟之不善。子所知也。勿與乘。吾將殺之。對曰。吾由子事公孟。子假吾名焉。故不吾遠也。言子借我以善名。故公孟親近我。○與音預。又如字。遠于萬反雖其不善。吾亦知之。抑以利故不能去。是吾過也。今聞難而逃。是僭子也。使子言不信也。○難乃旦反子行事乎。吾將死之。以周事子。周猶終竟也而歸死於公孟。其可也。丙辰。衛侯在平壽。平壽。衛下邑公孟有事於蓋獲之門外。有事。祭也。

蓋獲。衛郭門齊子氏帷於門外。而伏甲焉齊豹之家使祝鼃寘戈於車薪以當門要其前也。○鼃烏媧反使一乘從公孟以出亦如前車寘戈於薪。尋其後。○從如字。又才用反使華齊御公孟。宗魯驂乘。及閎中閎。曲門中。○華戶化反齊氏用戈擊公孟。宗魯以背蔽之。斷肱。以中公孟之肩。皆殺之。公聞亂。乘驅自閱門入。慶比御公。公南楚驂乘。使華寅乘貳車公副車。○斷丁管反。中丁仲反。比如字。又毗志反及公宮。鴻騮魋駟乘于公鴻駵魋復就公乘。一車四人。【駵】音留【魋】音頹公載寶以出。褚師子申。遇公于馬路之衢。遂從從公出。【從】才用反過齊氏。使華寅肉袒執蓋以當其闕肉袒。示不敢與齊氏爭。執蓋蔽公而去。闕。空也。以蓋當侍從空闕之處齊氏射公中南楚之背。公遂出。寅閉郭門。不欲令追者出【射】食亦反踰而從公踰郭出。【從】才用反。又如字公如死鳥。死鳥。衛地析朱鉏宵從竇出。徒行從公朱鉏。成子黑背孫。【竇】音豆齊侯使公孫青聘于衛。青。頃公之孫【頃】音傾既出。聞衛亂。使請所

聘。公曰猶在竟內則衛君也乃將事焉將事行聘事。竟音境
遂從諸死鳥請將事辭曰亡人不佞。
失守社稷越在草莽吾子無所辱君命賓曰。
寡君命下臣於朝曰阿下執事阿比也。命已使比衛臣下
臣不敢貳貳違命也主人曰君若惠顧先君之好。
照臨敝邑鎮撫其社稷則有宗祧在言受聘當在宗廟也
乃止止不行聘事衛侯固請見之欲與青相見不獲
命以其良馬見以爲相見之禮○見賢遍反。下同爲未致使

故也未致使。故不敢以客禮見。○爲，于僞反。衛侯以爲乘馬喜其敬己。故貴其物。○乘，繩證反。又如字。賓將掫掫，行夜。○掫，側九反。又祖侯反。行，下孟反。主人辭曰：亡人之憂，不可以及吾子。草莽之中，不足以辱從者。敢辭。賓曰：寡君之下臣，君之牧圉也。若不獲扞外役，是不有寡君也。有，相親有。○扞，戶旦反。臣懼不免於戾，請以除死。親執鐸，終夕與於燎。設火燎以備守。○與音預，下不與聞同。燎，九召反。又力弔反。齊氏之宰渠子召北宮子，北宮喜也。北宮氏之宰不與聞謀殺渠子遂伐齊氏滅之丁巳晦公入與北宮喜盟于彭水之上喜本與齊氏同謀故公先與喜盟秋七月戊午朔遂盟國人八月辛亥公子朝褚師圃子玉霄子高魴出奔晉皆齊氏黨閏月戊辰殺宣姜與公子朝通謀故衛侯賜北宮喜諡曰貞子滅齊氏故賜析朱鉏諡曰成子霄從公故而以齊氏之墓予之皆未死而賜諡及墓田傳終而言之衛侯告寧于齊且言子石子石公孫青言其有禮齊侯將飲酒徧

賜大夫曰二三子之教也喜青敬衞侯苑何忌辭曰與於青之賞必及於其罰何忌齊大夫言青若有罪亦當并受其罰。苑於元反在康誥曰父子兄弟罪不相及尚書康誥況在羣臣敢貪君賜以干先王言受賜則犯康誥之義琴張聞宗魯死琴張孔子弟子字子開名牢將往弔之仲尼曰齊豹之盜而孟縶之賊女何弔焉言齊豹所以爲盜孟縶所以見賊皆由宗魯。女音汝君子不食姦知公孟不善而受其祿是食姦也不受亂許豹行事是受亂也不爲利疚於回疚。病。回。邪也。以利故不能去。是病身於邪。○爲于僞反不以回待人知難不告。是以邪待人。○難乃旦反不蓋不義以周事豹。是蓋不義不犯非禮以二心事縶。是非禮宋華向之亂。公子城平公子公孫忌樂舍舍。樂喜孫司馬彊向宜向鄭宜。鄭。皆向戌子楚建楚平王之亡大子郳甲。小邾穆公子○郳五兮反出奔鄭入子。宋大夫。皆公黨。○辟難出其徒與華氏戰于鬼閻入子之徒衆也。潁川長平縣西北有閻亭。○閻似廉反。又以冉反敗子城。子城適晉子城爲華氏所敗。別走至晉。爲明年子城以晉師至起本華亥與其妻必盥而食所質公子者而後食公與夫人每日必適華氏食公子而後歸華亥患之欲歸公子向寧曰唯不信故質其子若又歸之死無日矣公請於華費遂將攻華氏（費遂大司馬華氏族○盥古緩反而食音嗣下同質音致）對曰臣不敢愛死無乃求去憂而滋長乎（恐殺大子憂益長○去起呂反長丁丈反）臣是以懼敢不聽命公曰子死亡有命余不忍其詬（詬恥也○詬許候反）冬十月公殺華向之質而攻之戊

辰華向奔陳華登奔吳登費遂之子黨華向者向寧欲殺大子華亥曰干君而出又殺其子其誰納我且歸之有庸可以爲功善使少司寇牼以歸以三公子歸公也。牼華亥庶兄。○牼苦耕反曰子之齒長矣不能事人以三公子爲質必免質信也送公子歸可以自明不叛之信。○質如字公子既入華牼將自門行從公門去公遽見之執其手曰余知而無罪也入復而所而女也所所居官齊侯疥遂痁痁瘧疾。○痁失廉反期而不瘳諸侯

之賓問疾者多在多在齊。(期)音基。梁丘據與裔款

二子齊嬖大夫。言於公曰吾事鬼神豐於先君有加

矣。今君疾病爲諸侯憂是祝史之罪也。諸侯

不知。其謂我不敬。君盍誅於祝固史嚚以辭

賓欲殺嚚固以辭謝來問疾之賓。(嚚)魚巾反公說。告晏子。晏子

曰。日宋之盟日。往日也。宋盟在襄二十七年。(說)音悅屈建問范

會之德於趙武。趙武曰。夫子之家事治。言於

晉國。竭情無私。其祝史祭祀。陳信不愧。其家

事無猜其祝史不祈家無猜疑之事。故祝史無求於鬼神。屈居勿反建以語康王楚王。語魚據反康王曰神人無怨宜夫子之光輔五君以爲諸侯主也五君。文。襄。靈。成。景公曰據與款謂寡人能事鬼神故欲誅於祝史子稱是語何故對曰若有德之君外內不廢無廢事上下無怨動無違事其祝史薦信無愧心矣君有功德。祝史陳說之無所愧是以鬼神用饗國受其福祝史與焉與受國福與音預其所以蕃祉老壽者。爲信君使也。其言忠信於鬼神。其適遇淫君。外內頗邪。上下怨疾。動作辟違。從欲厭私。使私情厭足。○頗，普何反。辟，匹亦反。從，子用反。下淫從同。或如字。厭，於豔反。高臺深池。撞鍾舞女。斬刈民力。輸掠其聚。掠，奪取也。○掠音亮。以成其違。不恤後人。暴虐淫從。肆行非度。無所還忌。還猶顧也。不思謗讟。不憚鬼神。神怒民痛。無悛於心。其祝史薦信。是言罪也。以實白神。是爲言君之罪。其蓋失數美。是矯誣也。蓋，掩也。○數，所主反。進退無辭則虛以求媚作虛辭以求媚於神是以鬼神不饗其國以禍之祝史與焉所以夭昏孤疾者爲暴君使也其言僭嫚於鬼神公曰然則若之何對曰不可爲也言非誅祝史所能治山林之木衡鹿守之澤之萑蒲舟鮫守之藪之薪蒸虞候守之海之鹽蜃祈望守之衡鹿舟鮫虞候祈望皆官名也言公專守山澤之利不與民共○萑音丸蜃市軫反縣鄙之人入從其政偪介之關暴征其私介隔也迫近國都之關言邊鄙既入服政役又

為近關所征稅枉暴奪其私物。其政如字。一音征承嗣大夫強易其賄承嗣大夫。世位者。強其丈反布常無藝藝。法制也。言布政無法制徵斂無度宮室日更淫樂不違違。去也內寵之妾肆奪於市肆。放也外寵之臣僭令於鄙詐為教令於邊鄙私欲養求不給則應養。長也。所求不給。則應之以罪民人苦病夫婦皆詛祝有益也詛亦有損聊攝以東聊攝。齊西界也。平原聊城縣東北有攝城。○祝之又反。下同姑尤以西姑尤。齊東界也。姑水。尤水。皆在城陽郡東南入海其為人也多矣雖其善祝豈能勝億兆人之詛（萬萬曰億萬億曰兆）君若欲誅於祝史脩德而後可公說使有司寬政毁關去禁薄斂已責（除逋責○去起呂反斂力驗反責本作債逋布胡反）十二月齊侯田于沛（言疾愈行獵沛澤名○沛音貝）招虞人以弓不進（虞人掌山澤之官）公使執之辭曰昔我先君之田也旃以招大夫弓以招士皮冠以招虞人臣不見皮冠故不敢進乃舍之仲尼曰守道不如守官（君招當往道之常也非物不進官之制也）君子

韙之韙是也齊侯至自田晏子侍于遄臺子猶馳而造焉子猶梁丘據○遄市專反造七報反公曰唯據與我和夫晏子對曰據亦同也焉得爲和公曰和與同異乎對曰異和如羹焉水火醯醢鹽梅以烹魚肉燀之以薪燀炊也○夫音扶燀章善反燃也宰夫和之齊之以味濟其不及以洩其過濟益也洩減也○齊才細反又如字君子食之以平其心君臣亦然亦如羹君所謂可而有否焉否不可也臣獻其否以成

其可獻君之否以成君可君所謂否而有可焉臣獻其可以去其否是以政平而不干民無爭心故詩曰亦有和羹既戒既平詩頌殷中宗言中宗能與賢者和齊可否。其政如羹。羹敬戒且平。和羹備五味。異於大羹。○和齊竝如字。一讀上戶卧反。下才細反鬷嘏無言時靡有爭鬷。總也。嘏。大也。言總大政。能使上下皆如和羹。○鬷子工反。嘏古雅反先王之濟五味濟成也和五聲也以平其心成其政也聲亦如味。一氣須氣以動二體舞者有文武三類風。雅。頌四物雜用四方之物以成器五聲宮。商。角。徵。羽六律黃鍾。大蔟。姑洗。蕤賓。夷則。無射也。陽聲爲律。陰聲爲呂。此十二月氣。○蔟七豆反蕤人誰反射音亦七音周武王伐紂。自午及子。凡七日。王因此以數合之。以聲昭之。故以七同其數。以律和其聲。謂之七音八風八方之風九歌。九功之德。皆可歌也。六府三事。謂之九功。六府。金。木。水。火。土。穀。三事。正德。利用。厚生也以相成也言此九者合。然後相成爲和樂清濁小大短長疾徐哀樂剛柔遲速高下出入周疏以相濟也周。密也君子聽之以平其心。心平德和。故詩曰。德音不瑕詩豳風也。義取心平。則德音無瑕闕今據不然。君所謂可據亦曰可君所謂否據亦曰否若以水濟水誰能食之若琴瑟之專壹誰能聽之同之不可也如是飲酒樂公曰古而無死其樂若何晏子對曰古而無死則古之樂也君何得焉昔爽鳩氏始居此地爽鳩氏少皥氏之司寇也季萴因之季萴虞夏諸侯代爽鳩氏者○萴仕側反有逢伯陵因之逢伯陵殷諸侯姜姓蒲姑氏因之蒲姑氏殷周之閒代逢公者而後大公因之古若無死爽鳩氏之樂非君所願

也齊侯甘於所樂志於不死晏子稱古以節其情願鄭子產有疾謂子大叔曰我死子必爲政唯有德者能以寬服民其次莫如猛夫火烈民望而畏之故鮮死焉水懦弱民狎而翫之狎輕也則多死焉故寬難以治難疾數月而卒大叔爲政不忍猛而寬鄭國多盜取人於萑苻之澤萑苻澤名於澤中劫人○萑音九苻音蒲又如字大叔悔之曰吾早從夫子不及此興徒兵以攻萑苻之盜盡殺之盜少止仲

尼曰。善哉。政寬則民慢。慢則糾之以猛。糾猶攝也。猛則民殘。殘則施之以寬。寬以濟猛。猛以濟寬。政是以和。詩曰。民亦勞止。汔可小康。惠此中國。以綏四方。施之以寬也。詩大雅。汔其也。康綏皆安也。周厲王暴虐。民勞於苛政。故詩人刺之。欲其施之以寬。○汔許乙反。毋從詭隨。以謹無良。詭人。隨人。無正心。不可從。○從子用反。注同。謹敕慎也。式遏寇虐。慘不畏明。糾之以猛也。式用也。遏止也。慘曾也。言爲寇虐曾不畏明法者。亦當用猛政糾治之。柔遠能邇。以定我王。平之以和也柔安也。邇近也。遠者懷附。近者各以能進。則王室定。又曰不競不絿不剛不柔詩殷頌。言湯政得中和。競强也。絿急也。○絿音求布政優優百祿是遒優優和也。遒聚也。○遒在由反。又子由反和之至也及子產卒仲尼聞之出涕曰古之遺愛也子產見愛。有古人之遺風

經二十有一年春王三月葬蔡平公夏晉侯使士鞅來聘晉頃公即位。通嗣君宋華亥向寧華定自陳入于宋南里以叛自外至。故曰入。披其邑。故曰叛。南里宋城內里

名。拔晉彼反秋。七月。壬午朔。日有食之。八月。乙亥。叔輒卒。叔弓之子伯張冬。蔡侯朱出奔楚。朱爲犬子則失位。遂微弱爲國人所逐。故以自出爲文公如晉。至河乃復。晉人辭公。故還

傳。二十一年。春。天王將鑄無射。周景王也。無射鐘名。律中無射。射音亦。泠州鳩曰。王其以心疾死乎。泠。樂官。州鳩其名也。泠力丁反夫樂。天子之職也。職。所主也夫音。樂之輿也。樂因音而行而鐘。音之器也。音由器以發天子省風以作樂。省風俗。作樂以移之器以鍾之。鍾。聚也。以器聚音輿

以行之樂須音而行小者不窕窕細不滿○窕他彫反大者不槬槬橫大不入○槬戶化反則和於物物和則嘉成嘉樂成也故和聲入於耳而藏於心心億則樂億安也窕則不咸不充滿人心○咸字本作感戶暗反槬則不容心不堪容心是以感感實生疾今鐘槬矣王心弗堪○其能久乎爲明年天王崩傳三月葬蔡平公蔡大子朱失位位在卑不在適子位以長幼齒大夫送葬者歸○見昭子○昭子問蔡故以告○昭子歎曰蔡其亡

乎。若不亡。是君也必不終。詩曰。不解于位民之攸塈。詩大雅。塈息也。○解佳賣反塈許器反今蔡侯始即位而適卑。身將從之。爲蔡侯朱出奔傳夏。晉士鞅來聘。叔孫爲政。叔孫昭子以三命爲國政季孫欲惡諸晉憎叔孫在已上位。欲使得罪於晉○惡烏路反使有司以齊鮑國歸費之禮爲士鞅鮑國歸費。在十四年。牢禮各如其命數。魯人失禮。故爲鮑國七牢○費音祕。故爲于僞反士鞅怒曰。鮑國之位下。其國小。而使鞅從其牢禮。是卑敝邑也。將復諸寡君。魯人恐加四牢焉爲十一牢言魯不能以禮事大國。且爲哀七年吳徵百牢起宋華費遂生華貙華多僚華登貙爲少司馬多僚爲御士公御士。貙勑俱反與貙相惡乃譖諸公曰貙將納亡人亡人華亥等。惡如字。又烏路反亟言之公曰司馬以吾故亡其良子司馬謂費遂。爲大司馬。良子謂華登死亡有命吾不可以再亡之○亟欺冀反對曰君若愛司馬則如亡君若愛大司馬則當亡走失國死如可逃何遠之有言亡可以逃死。勿慮其遠。以恐動公公懼使侍人召司馬之侍人宜僚。飲之酒。而使告司馬。（告司馬使逐貙。○飲，於鴆反）司馬歎曰。必多僚也。吾有讒子。而弗能殺。吾又不死。抑君有命。可若何。乃與公謀逐華貙。將使田孟諸而遣之。公飲之酒。厚酬之。（酬酒幣）賜及從者。司馬亦如之。（亦如公賜。○從，才用反）張匄尤之。（張匄，華貙臣。尤，怪賜之厚）曰。必有故。使子皮承宜僚以劍而訊之。（子皮，華貙。訊，問也）宜僚盡以告。（告欲因田以遣之）張匄欲殺多僚。子皮曰。司馬老矣登之謂甚言登亡傷司馬心已甚吾又重之不如亡也五月丙申子皮將見司馬而行則遇多僚御司馬而朝張匄不勝其怒遂與子皮臼任鄭翩殺多僚任翩亦貙家臣○重直用反見音現勝音升任音壬劫司馬以叛而召亡人壬寅華向入樂大心豐愆華牼禦諸橫梁國睢陽縣南有橫亭華氏居盧門以南里叛盧門宋東城南門六月庚午宋城舊鄘及桑林之門而守之舊鄘故城也桑林城門名秋七月壬午

朔日有食之。公問於梓慎曰：是何物也？禍福何爲？物事也。對曰：二至二分，二至，冬至、夏至。二分，春分、秋分。日有食之，不爲災。日月之行也，分同道也，至相過也。二分日夜等，故言同道。二至長短極，故相過。其他月則爲災。陽不克也，故常爲水。陰侵陽，是陽不勝陰。於是叔輒哭日食。意在於憂災。昭子曰：子叔將死，非所哭也。八月，叔輒卒。冬十月，華登以吳師救華氏。登前年奔吳。齊烏枝鳴戍宋。烏枝鳴，齊大夫。廚人濮曰：濮，宋廚邑大夫。

軍志有之。先人有奪人之心。後人有待其衰。盍及其勞且未定也伐諸。若入而固。則華氏衆矣。悔無及也。從之。丙寅。齊師宋師敗吳師于鴻口。梁國睢陽縣東有鴻口亭。○先悉薦反。後戶豆反。獲其二帥公子苦雂偃州員。二帥。吳大夫。○雂古舍反。員音云。又音圓。華登帥其餘以敗宋師。吳餘師。公欲出。出奔。廚人濮曰。吾小人可藉死。可借使死難。而不能送亡君。請待之。請君待復戰。決勝負。○而不能送亡君。絕句。乃徇曰。揚徽者公徒也。徽，識也。（識）申志反，又昌志反。衆從之。公自揚門見之，見國人皆揚徽。睢陽正東門名揚門。下而巡之，曰：國亡君死，二三子之耻也，豈專孤之罪也。齊烏枝鳴曰：用少莫如齊致死，齊致死莫如去備。備，長兵也。（去）起呂反。彼多兵矣，請皆用劍。從之。華氏北，北，敗走。復即之。廚人濮以裳裹首而荷以走，曰：得華登矣。遂敗華氏于新里。新里，華氏所取邑。（荷）何可反，又音何。翟僂新居于新里。既戰，說甲于公而歸。居華氏地而助

公戰。（僂）力主反（說）他活反華姓居于公里亦如之姓。華氏族

故助華氏。亦如僂新說甲歸。傳言古之爲軍。不呰小忿。（姡）他口反（呰）才斯反。又音紫

十一月癸未。公子城以晉師至城以前年奔晉。今還救宋

曹翰胡曹大夫。（翰）音寒。又戶旦反會晉荀吳中行穆子。（行）戶郞

反齊苑何忌齊大夫衛公子朝前年出奔晉。今還衛救宋。

丙戌。與華氏戰于赭丘赭丘。宋地。（赭）音者鄭翩願爲

鸛。其御願爲鵝。鄭翩。華氏黨。鸛。鵝。皆陳名。（鸛）古喚反（鵝）五多反子

禄御公子城。莊堇爲右。子禄。向宜。（堇）音謹干犨御呂

封人華豹張匄爲右呂封人華豹華氏黨○犨尺由反相遇城還華豹曰城也城怒而反之怒其呼己反還戰將注豹則關矣注傳矢關引弓○注之樹反關烏環反傳音附曰平公之靈尚輔相余平公公子城之父豹射出其閒出子城子祿之閒○射食亦反又食夜反將注則又關矣曰不狎鄙狎更也○更音庚抽矢豹止不射城射之殪豹死張匄抽殳而下殳長丈二在車邊○殳音殊長直亮反又如字射之折股扶伏而擊之折軫折城車軫○折之設反扶伏並如字又上音蒲下蒲北反或作匍匐

同又射之死囟死干犨請一矢求死城曰余言女於君欲活之。女音汝。對曰不死伍乘軍之大刑也同乘共伍當皆死。乘繩證反干刑而從子君焉用之子速諸乃射之殪犨死又大敗華氏圍諸南里華亥搏膺而呼見華貙曰吾為欒氏矣晉欒盈還入作亂而死。事在襄二十三年。搏音博呼好故反貙曰子無我迋不幸而後亡迋恐也。迋求在反使華登如楚乞師華貙以車十五乘徒七十人犯師而出犯公師出送華登食於雎上哭而送之乃復入（入南里。雎音雖）楚薳越帥師將逆華氏大宰犯諫曰諸侯唯宋事其君今又爭國釋君而臣是助無乃不可乎王曰而告我也後既許之矣（爲明年華向出奔楚傳。薳于委反）蔡侯朱出奔楚費無極取貨於東國（東國，隱大子之子，平侯廬之弟，朱叔父也）而謂蔡人曰朱不用命於楚君王將立東國若不先從王欲楚必圍蔡蔡人懼出朱而立東國朱愬于楚楚子將討蔡無極曰平侯與楚有盟。故封。盟于鄧。依陳蔡人以國。其子有二心。故廢之。子。謂朱也。靈王殺隱大子。其子與君同惡。德君必甚。又使立之。不亦可乎。且廢置在君。蔡無他矣。言權在楚。則蔡無他心。公如晉。及河。鼓叛晉。叛晉。屬鮮虞。晉將伐鮮虞。故辭公。將有軍事。無暇於待賓。且懼泄軍謀。

經二十有二年。春。齊侯伐莒。宋華亥。向寧。華定。自宋南里出奔楚。言自南里。別從國去。○別，彼列反。大蒐于昌閒無傳。閒如字夏四月乙丑天王崩六月叔鞅如京師葬景王叔鞅。叔弓子。三月而葬。王亂故速。鞅於丈反王室亂承叔鞅言而書之。未知誰是。故但曰亂劉子單子以王猛居于皇河南鞏縣西南有黃亭。辟子朝難出居皇。王猛書名。未即位。單音善秋劉子單子以王猛入于王城王城。郟鄏。今河南縣。晉助猛。故得還王都冬十月王子猛卒未即位。故不言崩十有二月癸酉朔日有食之無傳。此月有庚戌。又以長曆推校前後。當為癸卯朔。書癸酉誤傳。二十二年。春。王二月。甲子。齊北郭啓帥師伐莒（啓。齊大夫。北郭佐之後）莒子將戰。苑羊牧之諫（牧之。莒大夫。○苑於元反）曰。齊帥賤。其求不多。不如下之。大國不可怒也。弗聽。敗齊師于壽餘（莒地。○下遐嫁反）齊侯伐莒（怒敗）莒子行成。司馬竈如莒涖盟（竈。齊大夫）莒子如齊涖盟。盟于稷門之外（稷門。齊城門也）莒於是乎大惡其君（爲明年莒子來奔傳。○惡烏路反）楚薳越使告于宋。曰。寡君聞君有不令之臣。爲君憂無寧以爲宗羞（無寧，寧也。言華氏爲宋宗廟之羞恥）寡君請受而戮之。對曰：孤不佞，不能媚於父兄，（華、向，公族也，故稱父兄）以爲君憂，拜命之辱。抑君臣日戰，君曰：余必臣是助，亦唯命。人有言曰：唯亂門之無過。君若惠保敝邑，無亢不衷，以獎亂人，孤之望也。唯君圖之。楚人患之。（患宋以義距之。○過，古禾反。亢，苦浪反。衷，音忠）諸侯之戍謀曰：若華氏知困而致死，楚恥無功而疾戰，非吾利也。不如出之，以爲楚功。其亦無能爲也已言華氏不能復爲宋患救宋而除其害。又何求。乃固請出之。宋人從之。己巳。宋華亥。向寧。華定。華貙。華登。皇奄傷。省臧。士平。出奔楚華貙以下五子不書。非卿○省悉井反。又所景反宋公使公孫忌爲大司馬代華費遂邊卬爲大司徒卬。平公曾孫。代華定○卬五郎反樂祁爲司城祁。子罕孫樂祁犂仲幾爲左師幾。仲江孫。代向寧○幾音基樂大心爲右師代華亥樂輓爲大司寇輓。子罕孫○輓音晚以靖國人終梓慎之言。三年而後弭王子朝賓起有寵於景王子朝，景王之長庶子。賓起，子朝之傅。○(朝)如字。凡人名字皆張遙反。或云朝錯是王子朝之後。音潮。案錯姓亦有兩音王與賓孟說之，欲立之孟即起也。王語賓孟。欲立子朝爲大子。○(說)如字。又音悅劉獻公之庶子伯蚠事單穆公獻公，劉摯。伯蚠，劉狄。穆公，單旗。○(蚠)扶粉反。一扶云反惡賓孟之爲人也，願殺之，又惡王子朝之言，以爲亂，願去之子朝有欲立之言。故劉蚠惡之。○(惡)去聲(去)上聲賓孟適郊，見雄雞自斷其尾，問之，侍者曰：自憚其犧也畏其爲犧牲奉宗廟。故自殘毀

○（斷）丁管反　遽歸告王。且曰。雞其憚爲人用乎。人異於是雞犧雖見寵飾。然卒當見殺。若人見寵飾。則當貴盛。故言異於雞犧者實用人。人犧實難。已犧何害言設使寵人如寵犧。則不宜假人以招禍難。使犧在已則無患害。已喻子朝。欲使王早寵異之王弗應五十年。大子壽卒。王立子猛。後復欲立子朝而未定。賓孟感雞盛稱子朝。王心許之。故不應。（難）去聲夏四月。王田北山。使公卿皆從。將殺單子劉子北山。洛北芒也。王知單劉不欲立子朝。欲因田獵先殺之。（從）去聲王有心疾。乙丑。崩于榮錡氏四月十九日。河南鞏縣西有榮錡澗

○(錡)魚綺反戊辰。劉子摯卒。二十日無子。單子立劉蚠。蚠事單子故五月庚辰。見王。見王猛○(見)賢遍反遂攻賓起。殺之。黨子朝故盟羣王子于單氏。王子猛次正。故單劉立之。懼諸王子或黨子朝。故盟之晉之取鼓也。在十五年既獻。而反鼓子焉。獻於廟又叛於鮮虞。叛晉屬鮮虞六月。荀吳略東陽。略。行也。東陽。晉之山東邑。魏郡廣平以北○(行)下孟反使師僞糴者負甲以息於昔陽之門外。昔陽。故肥子所都。○(糴)音狄遂襲鼓。滅之。以鼓子鳶鞮歸。使涉佗守之。

守鼓之地。涉佗晉大夫。〇爲悅全反鞮丁兮反佗徒多反丁巳葬景王。王子朝因舊官百工之喪職秩者與靈景之族以作亂百工。百官也。靈王景王之子孫。〇喪息浪反帥郊要餞之甲三邑。周地。〇要一遙反餞賤淺反以逐劉子逐伯盆壬戌劉子奔揚揚。周邑單子逆悼王于莊宮以歸悼王。子猛也王子還夜取王以如莊宮王子還。子朝黨也。不欲使單子得王猛。故取之癸亥單子出失王。故出奔王子還與召莊公謀莊公。召伯奐。子朝黨也。〇召上照反曰不殺單旗不捷旗。單子也與之重盟。必來。背盟而克者多矣。從之。從還謀也。背音佩樊頃子曰。非言也。必不克。頃子。樊齊。單劉黨。頃音傾遂奉王以追單子王子還奉王及領。大盟而復。領。周地。欲重盟。令單子劉子復歸殺摯荒以說。委罪於荒說如字。又音悅劉子如劉。歸其采邑單子亡。乙丑。奔于平時。平時。周地。知王子還欲背盟。故亡走。時音止。又音市羣王子追之。單子殺還。姑。發。弱。鬷。延。定。稠。八子。靈景之族。因戰而殺之子朝奔京。其黨死故丙寅。伐之。單子伐京京人奔山。劉子入于王城子朝奔京。故得入辛未。鞏簡公敗績于京。乙亥。甘平公亦敗焉甘鞏二公。周卿士。皆爲子朝所敗叔鞅至自京師葬景王還言王室之亂也經所以書閔馬父曰。子朝必不克。其所與者天所廢也。閔馬父。閔子馬。魯大夫。天所廢。謂羣喪職秩者單子欲告急於晉。秋。七月。戊寅。以王如平時。遂如圃車。次于皇出次以示急。戊寅。七月三日。經書六月。誤也劉子如劉。單子使王子處守于王城王子處。子猛黨。守王城。距子朝盟百工于平宮平宮。平王廟辛卯。鄩肸伐皇鄩肸。子朝黨。○鄩音尋。肸許乙反大敗獲鄩肸。壬辰。焚諸王城之市焚鄩肸八月辛酉。司徒醜以王師敗績于前城醜。悼王司徒。前城。子朝所得邑百工叛司徒醜敗故己巳。伐單氏之宮。敗焉百工伐單氏。爲單氏所敗庚午。反伐之單氏反伐百工辛未。伐東圉百工所在。洛陽東南有圉鄉冬十月丁巳。晉籍談荀躒帥九州之戎九州戎。陸渾戎。十七年滅屬晉。州。鄉屬也。五州爲鄉。○躒力狄反及焦瑕溫原之師焦。瑕。溫。原。晉四邑以納王于王城丁巳在十月。經書秋。誤 庚申。單子。劉盆。以王師敗績于郊 為子朝之黨所敗 前城人敗陸渾于社 前城。子朝衆。社。周地 十一月。乙酉。王子猛卒 乙酉在十一月。經書十月。誤。雖未即位。周人謚曰悼王 不成喪也 釋所以不稱王崩 己丑。敬王即位 敬王。王子猛母弟王子匄 館于子旅氏 子旅。周大夫 十二月庚戌。晉籍談。荀躒。賈辛。司馬督 司馬烏 帥師軍于陰 籍談所軍 于侯氏 荀躒所軍 于谿泉 賈辛所軍。鞏縣西南有明谿泉 次于社 司馬督所次 王師軍于氾。于解。次于任人 王師分在三邑。

洛陽西南有大解小解。閏月晉箕遺樂徵

氾音凡解音蟹任音壬右行詭濟師取前城洛。三子。晉大夫。濟師。渡伊行戶郎反詭九委

反軍其東南王師軍于京楚辛丑伐京毀其

西南京楚。子朝所在

春秋經傳集解昭公五第二十四

相臺岳氏刻
梓荆谿家塾

春秋卷二十四考證

十八年傳夫學殖也註如農之殖苗日新日益。案日新日益猶疏言日長日進也　殿本閣本作日新月益亦通

十九年傳楚工尹赤遷陰於下陰註陰縣今屬南鄉郡。案晉書地理志南鄉郡所屬有陰縣　殿本閣本南鄉郡作南鄉縣誤

令尹子瑕聘於秦拜夫人也註爲明年譖太子張本改以爲夫人遣謝秦。案爲明年句是結太子建居城父以上一段改以爲夫人句方釋令尹子瑕二句須

分看始得前聘秦龣本以妻建令楚子自取之故云改以爲夫人後人不察改字之義易以故字則文義似承爲明年句直下失之遠甚

二十年傳賜析朱鉏謚曰成子註霄從公故○案霄當係宵訛前文析朱鉏宵從竇出徒行從公是也今改正

郥甲○殿本閣本作郥申而後文季公鳥娶妻於齊生申傳又作生甲前後互異惟彙纂定本及杜林合註諸本均與原本同

濟其不及以洩其過註濟益也洩減也○諸本作齊益

也洩減也案上文齊之以味齊字疏謂使酸鹹適中則此益也句自釋濟字蓋不及則須益而過則當減洩者乃減汰之非減去之也觀疏濟益其所不足泄減其味太過二語則知諸本濟固誤齊而原本減亦誤滅確無疑義

二十二年傳邊卬爲大司徒。卬　殿本閣本作邛案音義五郎反則當從卬若邛乃邛字之譌音渠容反

蜀郡臨邛是也

辛丑伐京毀其西南。此句下唐石經有子朝奔郊四字

春秋經傳集解昭公六第二十五

盡二十六年

二十有三年春王正月叔孫婼如晉 謝取邾師

癸丑叔鞅卒 無傳 晉人執我行人叔孫婼 晉人圍郊 郊討子朝也。郊周邑。圍郊在叔鞅卒前。經書後。從赴

夏六月蔡侯東國卒于楚 無傳。未同盟而赴以名

秋七月莒子庚輿來奔戊辰吳敗頓胡沈蔡陳許之師于雞父 不書楚。楚不戰也。雞父楚地。安豐縣南有雞備亭

胡子髠沈子逞滅。國雖存。君死曰滅。○髠苦門反逞勑郢反獲陳夏齧。大夫死生通曰獲。夏齧。徵舒玄孫。○齧五結反天王居于狄泉。敬王。辟子朝也。狄泉。今洛陽城內大倉西南池水也。時在城外。○大音泰尹氏立王子朝。尹氏。周世卿也。書尹氏立子朝。明非周人所欲立八月乙未。地震。冬。公如晉。至河有疾。乃復。

傳二十三年。春。王正月壬寅朔。二師圍郊。二師王師晉師也。王師不書。不以告癸卯。郊鄩潰。河南鞏縣西南有地名鄩中。郊鄩。二邑。皆子朝所得。○鄩音尋丁未。晉師在平陰。王師在澤

邑平陰。今河陰縣王使告閒子朝敗故○閒音閑庚戌還晉師還

邾人城翼翼。邾邑還將自離姑離姑。邾邑。從離姑則道經魯之

武城○徑音經公孫鉏曰魯將御我鉏。邾大夫。○御魚呂反欲

自武城還循山而南至武城而還。依山南行不欲過武城○過古禾反

徐鉏丘弱茅地三子。邾大夫曰道下遇雨將不

出是不歸也謂此山道下濕遂自離姑遂過武城武城人

塞其前以兵塞其前道斷其後之木而弗殊邾師過

之乃推而蹷之遂取邾師獲鉏弱地取邾師不書。非

公命。○斷丁管反。歷其月反。又音厥。又居衛反邾人愬于晉。晉人來討。叔孫婼如晉。晉人執之。書曰晉人執我行人叔孫婼。言使人也。嫌內外異。故重發傳。○重直用反晉人使與邾大夫坐。坐訟曲直叔孫曰。列國之卿當小國之君。固周制也。在禮。卿得會伯子男。故曰當小國之君邾又夷也。邾雜有東夷之風寡君之命介子服回在。子服回。魯大夫。爲叔孫之介副請使當之。不敢廢周制故也。乃不果坐。韓宣子使邾人聚其衆。將以叔孫與之與邾使執之叔孫聞之。去衆與兵而朝示欲以身死。○去起呂反士彌牟謂韓宣子彌牟，士景伯曰。子弗良圖。而以叔孫與其讎。叔孫必死之。魯亡叔孫。必亡邾。邾君亡國。將焉歸時邾君在晉。若亡國無所歸。將益晉憂子雖悔之。何及。所謂盟主。討違命也。若皆相執。焉用盟主聽邾衆取叔孫。是爲諸侯皆得輒相執乃弗與。使各居一館分別叔孫子服回士伯聽其辭。而愬諸宣子。乃皆執之二子辭不屈。故士伯愬而執之士伯御叔孫。從者四人。過邾館以如吏欲使邾人見叔孫之屈辱先歸邾子。士伯曰。以芻蕘之難。從者之病。將館子於都都。別都。謂箕也叔孫旦而立。期焉立。待命也。從旦至旦爲期。○期居其反乃館諸箕。舍子服昭伯於他邑別之因范獻子求貨於叔孫。使請冠焉以求冠爲辭取其冠法。而與之兩冠。曰。盡矣既送作冠模法。又進二冠以與之。僞若不解其意爲叔孫故。申豐以貨如晉欲行貨以免叔孫叔孫曰。見我。吾告女所行貨。見而不出留申豐不使得出。不欲以貨免○女音汝吏人之與叔孫居於箕者。請其吠狗。弗與。及將歸。殺而與之食之。示不愛叔孫所館者。雖一日必葺其牆屋。葺。補治也去之如始至不以當去而有所毀壞夏四月乙酉。單子取訾。劉子取牆人。直人。三邑。屬子朝者。訾在河南鞏縣西南。○訾子斯反六月。壬午。王子朝入于尹。自京入尹氏之邑癸未。尹圉誘劉佗殺之。尹圉。尹文公也。劉佗。劉盆族。敬王黨丙戌。單子從阪道劉子從尹道伐尹。單子先至而敗。劉子還單子敗故己丑。召伯奐。南宮極以成周人戍尹。二子周卿士。子朝黨奐。召莊公庚寅。單子。劉子。樊齊以王如劉。辟子朝。出居劉子邑甲午。王子朝入于王城。次于左巷。近東城秋七月戊申。鄩羅納諸莊宮鄩羅。周大夫鄩肸之子尹辛敗劉師于唐尹辛。尹氏族。唐。周地丙辰。又敗諸鄩。甲子。尹辛取西闈西闈。周地丙寅。攻蒯。蒯潰河南縣西南蒯鄉是也。於是敬王居狄泉。尹氏立子朝。◯蒯苦怪反莒子庚輿虐而好劍。苟鑄劍。必試諸人。國人患之。又將叛齊。

烏存帥國人以逐之烏存。莒大夫庚輿將出。聞烏存執殳而立於道左。懼。將止死。殳。長丈二而無刃。○殳音殊苑羊牧之曰。君過之牧之。亦莒大夫烏存以力聞可矣。何必以弒君成名。遂來奔。齊人納郊公郊公。著丘公之子。十四年奔齊。○著直除反。又直慮反吴人伐州來。楚薳越帥師令尹以疾。從戎。故薳越攝其事。○薳于委反及諸侯之師奔命救州來。吴人禦諸鍾離。子瑕卒。楚師熸子瑕即令尹。不起所疾也。吴楚之閒。謂火滅為熸。軍之重主喪亡。故其軍人無復氣勢。〔憯〕子潛反　吴公子光曰。諸侯從於楚者衆。而皆小國也。畏楚而不獲已。是以來。吾聞之曰。作事威克其愛。雖小必濟。克。勝也。軍事尚威　胡沈之君幼而狂。狂。無常　陳大夫齧壯而頑。頓與許蔡疾楚政。楚令尹死。其師憯。帥賤多寵。政令不壹。帥賤。薳越非正卿也。軍多寵人。政令不壹。於越。○〔帥〕所類反。下同　七國同役。而不同心。七國。楚。頓。胡。沈。蔡。陳。許　帥賤而不能整。無大威命。楚可敗也。若分師先以犯胡沈與陳。必先奔。三國敗。諸侯之師乃搖心矣。諸侯乖亂。楚必大奔。請先者去備薄威（示之以不整以誘之。㊀去起呂反）後者敦陳整旅（敦。厚也。㊀陳直覲反）吳子從之。戊辰晦。戰于雞父（七月二十九日。違兵忌晦戰。擊楚所不意）吳子以罪人三千。先犯胡沈與陳（囚徒不習戰。以示不整）三國爭之。吳爲三軍以繫於後。中軍從王（從吳王）光帥右。掩餘帥左（掩餘。吳王壽夢子）吳之罪人或奔或止。三國亂。吳師擊之。三國敗。獲胡沈之君及陳大夫舍胡沈之囚使奔許與蔡頓。曰吾君死矣。師譟而從之。三國奔。○三國。許。蔡。頓。譟素報反 楚師大奔。書曰。胡子髡沈子逞滅。獲陳夏齧。君臣之辭也。國君社稷之主。與宗廟共其存亡者。故稱滅。大夫輕。故曰獲。獲。得也 不言戰。楚未陳也。嫌與陳例相涉。故重發之 八月丁酉。南宮極震。經書乙未地動。魯地也。丁酉。南宮極震。周地亦震也。爲屋所壓而死 萇弘謂劉文公曰。君其勉之。先君之力可濟也。文公。劉蚠也。先君。謂蚠之父獻公也。獻公亦欲立子猛。未及而卒 周之亡也。其三川震謂幽王時也。三川。涇。渭。洛水也。地動。川岸崩今西王之大臣亦震。天弃之矣子朝在王城。故謂西王。東王必大克敬王居狄泉。在王城之東。故曰東王楚大子建之母在郹郹。郹陽也。平王娶秦女。廢大子建。故母歸其家。○郹古闃反召吳人而啓之冬十月。甲申。吳大子諸樊入郹諸樊。吳王僚之大子取楚夫人與其寶器以歸楚司馬薳越追之不及將死。衆曰。請遂伐吳以徼之徼。要其勝負○徼古堯反薳越曰。再敗君師。死且有罪此年秋敗於雞父。設往復敗爲再敗亡君夫人不可以莫之死也。乃縊於蘧澨。（蘧澨楚地。）○（縊）音翳。公爲叔孫故如晉。及河。有疾而復。（此年春。晉爲邾人執叔孫。故公如晉謝之。○（爲）去聲。）楚囊瓦爲令尹。（囊瓦。子囊之孫子常也。代陽匃。）城郢。（楚用子囊遺言。巳築郢城矣。今畏吳。復增脩以自固。○（郢）以井反。）沈尹戌曰。子常必亡郢。苟不能衛。城無益也。古者天子守在四夷。（德及遠。○（守）除下守其皆去聲。）天子卑。守在諸侯。（政卑損）諸侯守在四鄰。（鄰國爲之守。）諸侯卑。守在四竟。（裁自完。）愼其四竟。結其四援。（結四鄰之國爲援助民狎其野狎安習也三務成功春夏秋三時之務民無內憂而又無外懼國焉用城今吳是懼而城於郢守已小矣卑之不獲能無亡乎不獲守四竟昔梁伯溝其公宮而民潰在僖十八年民弃其上不亡何待夫正其疆埸脩其土田險其走集走集邊竟之壘壁親其民人明其伍候使民有部伍相爲候望信其鄰國愼其官守守其交禮交接之禮不僭不貪不懦不耆懦弱也耆強也○懦乃亂反又乃卧反耆巨支反一

直支反完其守備，以待不虞，又何畏矣？詩曰：無念爾祖，聿脩厥德。詩大雅。無念，念也。聿，述也。義取念祖考，則述治其德以顯之。無亦監乎若敖、蚡冒至于武、文，四君，皆楚先君之賢者。○蚡，扶粉反。土不過同，方百里爲一同。言未滿一圻。慎其四竟，猶不城郢。今土數圻，方千里爲圻。而郢是城，不亦難乎？言守若是，難以爲安也。爲定四年吳入楚傳。

經。二十四年，春，王二月，丙戌，仲孫貜卒。無傳。孟僖子也。○貜，俱縛反。婼至自晉。喜得赦歸，故書至。夏，五月，乙未朔。日有食之。秋。八月。大雩。丁酉。杞伯郁釐卒無傳。未同盟而赴以名。丁酉。九月五日。有日無月。○釐力之反。又音來冬。吴滅巢楚邑也。書滅。用大師葬杞平公無傳

傳。二十四年。春。王正月。辛丑。召簡公。南宮嚚以甘桓公見王子朝簡公。召莊公之子召伯盈也。嚚。南宮極之子。桓公。甘平公之子劉子謂萇弘曰。甘氏又往矣。對曰。何害。同德度義度。謀也。言唯同心同德。則能謀義。子朝不能。於我無害。○度待洛反大誓曰。紂有億兆夷人。亦有離德言紂衆億兆。兼

(有四夷不能同德終敗亡)余有亂臣十人同心同德(武王言我有治臣十人雖少同心也今大誓無此語)此周所以興也君其務德無患無人戊午王子朝入于鄔(緱氏西南有鄔聚言子朝稍强○鄔烏戶反緱古侯反聚才住反)晉士彌牟逆叔孫于箕(將禮而歸之)叔孫使梁其經待于門內(經叔孫家臣○經戶定反)曰余左顧而欬乃殺之(疑士伯來殺己故謀殺之○欬苦代反)右顧而笑乃止叔孫見士伯士伯曰寡君以爲盟主之故是以久子(久執子以謝邾)不腆敝

昭二十四年

邑之禮。將致諸從者。使彌牟逆吾子。叔孫受禮而歸。二月。婼至自晉。尊晉也。貶婼族。所以尊晉。婼行人。故不言罪已三月庚戌。晉侯使士景伯涖問周故。涖。臨也。就問子朝敬王。知誰曲直士伯立于乾祭而問於介衆。乾祭。王城北門。介。大也乾音干。祭側界反晉人乃辭王子朝。不納其使。衆言子朝曲故夏五月乙未朔。日有食之。梓慎曰。將水。陰勝陽。故曰將水昭子曰。旱也。日過分而陽猶不克。克必甚。能無旱乎。過春分。陽氣盛時。而不勝陰陽將猥出。故爲旱。○猥烏罪反 陽不克莫將積聚也 陽氣莫然不動。乃將積聚。○陽不克莫。絕句 六月壬申。王子朝之師攻瑕及杏。皆潰 瑕。杏。敬王邑 鄭伯如晉。子大叔相見范獻子。獻子曰。若王室何。對曰。老夫其國家不能恤。敢及王室。抑人亦有言曰。嫠不恤其緯 嫠寡婦也。織者常苦緯少。寡婦所宜憂 而憂宗周之隕。爲將及焉 恐禍及己 今王室實蠢蠢焉 蠢蠢。動擾貌。○蠢昌允反 吾小國懼矣。然大國之憂也。吾儕何知焉。吾子其旱圖之詩曰缾之罄矣惟罍之恥（詩小雅罍大器缾小器常稟於罍者而所受罄盡則罍爲無餘故恥之）王室之不寧晉之恥也獻子懼而與宣子圖之（宣子韓起）乃徵會於諸侯期以明年（爲明年會黃父傳）秋八月大雩旱也（終如叔孫之言）冬十月癸酉王子朝用成周之寶珪于河（禱河求福）甲戌津人得諸河上（珪自出水）陰不佞以溫人南侵（不佞敬王大夫晉以溫人助敬王南侵子朝）拘得玉者取其玉將賣之則爲石王定而獻之（不佞

獻王與之東訾。喜得玉。故與之邑。鞏縣西南訾城是也。○訾子斯反楚子爲舟師。以略吳疆。略。行也。行吳界。將侵之沈尹戌曰。此行也。楚必亡邑。不撫民而勞之。吳不動而速之。速。召也吳踵楚。躡楚踵跡而疆埸無備。邑能無亡乎。越大夫胥犴勞王於豫章之汭。汭。水曲。○犴音岸。勞力報反越公子倉歸王乘舟。歸。遺也。○歸如字。又其媿反。乘繩證反。又如字倉及壽夢帥師從王。壽夢。越大夫○夢莫公反王及圉陽而還。圉陽。楚地吳人踵楚。而邊人不備。遂滅巢及鍾離而還鍾離不書告敗略沈尹戌曰亡郢之始於此在矣王壹動而亡二姓之帥二姓之帥守巢鍾離大夫幾如是而不及郢詩曰誰生厲階至今爲梗詩大雅厲惡階道梗病也○幾居豈反又音機其王之謂乎定四年吳入郢傳

經二十有五年春叔孫婼如宋夏叔詣會晉趙鞅宋樂大心衛北宮喜鄭游吉曹人邾人滕人薛人小邾人于黃父有鸜鵒來巢此鳥穴居

不在魯界。故曰來巢。非常。故書。○鸜其俱反鵒音欲秋七月上辛大雩。季辛又雩季辛下旬之辛也。言又。重上事。○重直龍反。又直用反九月。己亥。公孫于齊。次于陽州。諱奔。故曰孫。若自孫讓而去位者。陽州。齊魯竟上邑。未敢直前。故次于竟。○孫音遜齊侯唁公于野井濟南祝阿縣東有野井亭。齊侯來唁公。公不敢遠勞。故逆之。往至野井。○唁音彥冬十月戊辰。叔孫婼卒公不與小斂。而書日者。公在外。非無恩。○與音預十有一月己亥。宋公佐卒于曲棘陳留外黃縣城中有曲棘里。宋地。未同盟而赴以名十有二月。齊侯取鄆取鄆以居公也

○鄆音運

傳二十五年。春。叔孫婼聘于宋。桐門右師見之右師。樂大心。居桐門語卑宋大夫。而賤司城氏司城。樂氏之大宗也。卑。賤。謂其才德薄昭子告其人曰。右師其亡乎。君子貴其身。而後能及人。是以有禮唯禮可以貴身。貴身故尚禮今夫子卑其大夫。而賤其宗。是賤其身也賤人。人亦賤己能有禮乎。無禮必亡爲定十年樂大心出奔

傳宋公享昭子。賦新宮逸詩昭子賦車轄詩小雅。周

人思得賢女以配君子。昭子將爲季孫迎宋公女。故賦之明日宴飲酒樂。宋公使昭子右坐坐宋公右以相近。言改禮坐。○樂除樂姓外皆音洛語相泣也。樂祁佐助宴禮退而告人曰。今茲君與叔孫。其皆死乎。吾聞之。哀樂可樂而哀而樂哀可哀而樂皆喪心也。心之精爽。是謂魂魄。魂魄去之。何以能久爲此冬叔孫宋公卒傳。○喪息浪反季公若之姊爲小邾夫人平子庶姑。與公若同母。故曰公若姊生宋元夫人宋元夫人。平子之外姊生子。以妻季平子。昭子如宋聘。

且逆之平子人臣而因卿逆季氏強橫公若從從昭子○從去聲又如字謂曹氏勿與魯將逐之曹氏宋元夫人曹氏告公公告樂祁樂祁曰與之如是魯君必出政在季氏三世矣文子武子平子魯君喪政四公矣宣成襄昭無民而能逞其志者未之有也國君是以鎮撫其民詩曰人之云亡心之憂矣詩大雅言無人則憂患至魯君失民矣焉得逞其志靖以待命猶可動必憂爲下公孫傳夏會于黃父謀王室也王室有子朝亂

定之謀趙簡子令諸侯之大夫輸王粟具〔簡子趙鞅〕戍人曰明年將納王〔納于於王城〕子大叔見趙簡子簡子問揖讓周旋之禮焉對曰是儀也非禮也簡子曰敢問何謂禮對曰吉也聞諸先大夫子產曰夫禮天之經也〔經者道之常〕地之義也〔義者利之宜〕民之行也〔行者人所履〕○行下孟反天地之經而民實則之則天之明〔日月星辰天之明也〕因地之性〔高下剛柔地之性也〕生其六氣〔謂陰陽風雨晦明〕用其五行〔金木

水。火。土　氣爲五味　酸。鹹。辛。苦。甘　發爲五色　青。黃。赤。白。黑。發見也　章爲五聲　宮。商。角。徵。羽　淫則昏亂民失其性　滋味聲色。過則傷性　是故爲禮以奉之　制禮以奉其性　爲六畜　馬。牛。羊。雞。犬。豕。○畜許又反。又音蓄　五牲　麋。鹿。麕。狼。兔　三犧　祭天地宗廟三者謂之犧　以奉五味。爲九文　謂山。龍。華。蟲。藻。火。粉。米。黼。黻也。華若草華。藻水草。火畫火。粉米若白米。黼若斧。黻若兩己相戾。傳曰。火龍黼黻。昭其文也　六采　畫繢之事　五章　雜用天地四方之色。青與白。赤與黑。玄與黃。皆相次。謂之六色。○繢戶對反　以奉五色　青與赤謂之文。赤與白謂之章。白與黑謂之黼。黑與青謂之黻。五色備謂之繡。集此五章。以奉成五色之用為九歌。八風。七音。六律。以奉五聲解見二十年為君臣上下。以則地義君臣有尊卑。法地有高下為夫婦外內。以經二物夫治外。婦治內。各治其物為父子。兄弟。姑姊。甥舅。昏媾。姻亞。以象天明六親和睦。以事嚴父。若衆星之共辰極也。妻父曰昏。重昏曰媾。壻父曰姻。兩壻相謂曰亞為政事。庸力。行務。以從四時在君為政。在臣為事。民功曰庸。治功曰力。行其德教。務其時要。禮之本也。為刑罰。威獄。使民畏忌。以類其震曜殺戮雷震電曜。天之威也。聖人作刑戮以象類之爲溫慈惠和以效天之生殖長育民有好惡喜怒哀樂生于六氣此六者皆稟陰陽風雨晦明之氣○長上聲好惡並去聲是故審則宜類以制六志爲禮以制好惡喜怒哀樂六志使不過節哀有哭泣樂有歌舞喜有施舍怒有戰鬬喜生於好怒生於惡是故審行信令禍福賞罰以制死生生好物也死惡物也好物樂也惡物哀也哀樂不失乃能協于天地之性是以長久協和也簡子曰甚哉禮之大也對

曰禮上下之紀天地之經緯也（經緯錯居以相成者）民之所以生也是以先王尚之故人之能自曲直以赴禮者謂之成人大不亦宜乎（曲直以弼其性）簡子曰鞅也請終身守此言也（鞅能守此言故終免於晉陽之難）宋樂大心曰我不輸粟我於周爲客（二王後爲賓客）若之何使客晉士伯曰自踐土以來（踐土在僖二十八年）宋何役之不會而何盟之不同曰同恤王室子焉得辟之子奉君命以會大事而

宋背盟無乃不可乎。右師不敢對受牒而退右師。樂大心士伯告簡子曰宋右師必亡奉君命以使而欲背盟以干盟主無不祥大焉言不善無大此者。爲定十年宋樂大心出奔傳。使所吏反有鸜鵒來巢書所無也。師已曰異哉吾聞文成之世童謠有之師已。魯大夫。已音紀。一音祀曰鸜之鵒之。公出辱之言鸜鵒來則公出辱也鸜鵒之羽。公在外野。往饋之馬饋。遺也鸜鵒跦跦。公在乾侯跦跦。跳行貌。跦張于反。又張留反。跳直彫反徵褰與襦褰袴。鸜鵒之巢遠哉遙遙禂父喪勞。宋父以驕禂父。昭公。死外。故喪勞。宋父。定公。代立。故以驕。○禂直留反喪息浪反鸜鵒鸜鵒往歌來哭昭公生出。歌。死還。哭。童謡有是。今鸜鵒來巢其將及乎將及禍也秋書再雩旱甚也初季公鳥娶妻於齊鮑文子生申公鳥。季公亥之兄。平子庶叔父公鳥死季公亥與公思展與公鳥之臣申夜姑相其室公亥即公若也。展。季氏族。相。治也。○夜本作射。又音亦相息亮反及季姒與饔人檀通季姒。公鳥妻。鮑文子女。饔人。食官而懼乃使其妾抶已以示秦遄之妻秦遄魯大夫。妻。公鳥妹秦姬也○抶勑乙反遄音船而抶余又訴於公甫公甫平子弟曰展與夜姑將要余要。劫我以非禮○要平聲秦姬以告公之公之。亦平子弟公之與公甫告平子平子拘展於卞而執夜姑將殺之公若泣而哀之曰殺是是殺余也將爲之請平子使豎勿內日中不得請有司逆命執夜姑之有司。欲迎受殺生之命○爲去聲公之使速殺之故公若怨平子。季郈之雞鬬。季平子、郈昭伯、二家相近。故雞鬬。○郈音后季氏介其雞。擣芥子播其羽也。或曰、以膠沙播之。爲介雞。郈氏爲之金距。平子怒。怒其不下已。益宮於郈氏。侵郈氏室以自益。且讓之。讓、責也。故郈昭伯亦怨平子。臧昭伯之從弟會。昭伯、臧爲子。○從去聲。後從者皆同。爲讒於臧氏。而逃於季氏。臧氏執旃。平子怒。拘臧氏老。將禘於襄公。萬者二人。其衆萬於季氏。禘、祭也。萬舞也。於禮、公當三十六人。臧孫曰、此之謂不能庸先君之廟不能用禮也。蓋襄公別立廟大夫遂怨平子。公若獻弓於公爲公爲昭公子務人且與之出射於外。而謀去季氏。公爲告公果。公賁果賁皆公爲弟。去上聲。賁音奔。又音焚公果。公賁使侍人僚相告公。公寢。將以戈擊之。乃走。公曰。執之。亦無命也獨言執之。無敕命。相側加反懼而不出。數月不見。公不怒。又使言。公執戈以懼之。乃走。又使言。公曰。非小人之所及也謂僚相爲小人公果自言。公以告臧孫。臧孫以難言難

逐告郈孫。郈孫以可勸告子家懿伯。子家羈莊公之玄孫○勸勸公逐季氏懿伯曰。讒人以君徼幸。事若不
克。君受其名。受惡名不可爲也。舍民數世以求
克事不可必也。且政在焉。其難圖也。公退之。退使去○舍音捨辭曰。臣與聞命矣。言若洩。臣不獲
死。乃館於公。恐受洩命之罪故留公宮以自明○與音預叔孫昭
子如闞。闞魯邑公居於長府。官府名九月戊戌。伐
季氏。殺公之于門。遂入之。平子登臺而請曰

君不察臣之罪。使有司討臣以干戈。臣請待於沂上以察罪。弗許。魯城南自有沂水。平子欲出城待罪也。大沂水出蓋縣。南至下邳入泗請囚于費。弗許。請以五乘亡。弗許。子家子曰。君其許之。政自之出久矣。隱民多取食焉。隱約窮困爲之徒者衆矣。日入慝作。弗可知也。慝。姦惡也。日冥。姦人將起叛君助季氏不可知。○冥亡定反衆怒不可蓄也。季氏衆蓄而弗治。將蘊。蘊。積也蘊蓄。民將生心。生心。同求將合。與季氏同求叛君者君必悔之。

弗聽。郈孫曰。必殺之。公使郈孫逆孟懿子懿子。仲孫何忌叔孫氏之司馬鬷戾言於其衆曰。若之何。莫對衆疑所助又曰。我家臣也。不敢知國。凡有季氏與無於我孰利。皆曰。無季氏是無叔孫氏也。鬷戾曰。然則救諸。帥徒以往。陷西北隅以入陷公圍也公徒釋甲。執冰而踞言無戰心也。冰櫝丸蓋。或云。櫝丸是箭筩。其蓋可以取飲遂逐之逐公徒孟氏使登西北隅。以望季氏。見叔孫氏之旌。以告。孟氏執郈昭伯殺之于南門之西遂伐公徒子家子曰諸臣僞劫君者而負罪以出君止使若非君本意者君自可止不出意如之事君也不敢不改意如季平子名公曰余不忍也與臧孫如墓謀辭先君且謀所奔遂行已亥公孫于齊次于陽州齊侯將唁公于平陰公先至于野井齊侯曰寡人之罪也使有司待于平陰爲近故也齊侯自咎本不勑有司遠詣陽州而欲近會于平陰故令魯侯過共先至野井遠見迎逆自咎以謝公書曰公孫于

齊。次于陽州。齊侯唁公于野井。禮也。將求於人。則先下之。禮之善物也。物，事也。謂先往至野井。齊侯曰。自莒疆以西。請致千社。二十五家爲社。千社，二萬五千家。欲以給公。以待君命。待君伐季氏之命。寡人將帥敝賦以從執事。唯命是聽。君之憂。寡人之憂也。公喜。子家子曰。天祿不再。天若胙君。不過周公。以魯足矣。失魯而以千社爲臣。誰與之立。爲齊臣。且齊君無信。不如早之晉。弗從。臧昭伯率從者將盟載書曰勠力壹心好惡同之信罪之有無（信明也處者有罪從者無罪）繾綣從公無通外內（繾綣不離散○繾音遣綣音犬）以公命示子家子子家子曰如此吾不可以盟羈也不佞不能與二三子同心而以爲皆有罪（從者陷君留者逐君皆有罪也）或欲通外內且欲去君（去君僞負罪出奔不必繾綣從公）二三子好亡而惡定焉可同也陷君於難罪孰大焉通外內而去君君將速入弗通何爲而何守焉乃

不與盟何必守公。（好）（惡）（難）竝去聲（與）音預昭子自闞歸。見平子。平子稽顙曰。子若我何。昭子曰。人誰不死。子以逐君成名。子孫不忘。不亦傷乎。將若子何。平子曰。苟使意如得改事君。所謂生死而肉骨也。昭子從公于齊。與公言。子家子命適公館者執之恐從者知叔孫謀公與昭子言於幄內。曰將安衆而納公昭子請歸安衆公徒將殺昭子。伏諸道伏兵左師展告公。公使昭子自鑄歸辟伏兵平子有異志（不欲復納公）冬十月辛酉昭子齊於其寢使祝宗祈死戊辰卒（恥爲平子所欺因祈而自殺○齊側皆反）左師展將以公乘馬而歸公徒執之（展魯大夫欲與公俱輕歸○輕去聲）壬申尹文公涉于鞏焚東訾弗克（文公子朝黨於鞏縣涉洛水也東訾敬王邑○訾音資）十一月宋元公將爲公故如晉（請納公）夢大子欒即位於廟已與平公服而相之（平公元公父○相去聲熊相同）且召六卿公曰寡人不佞不能事父兄（父兄謂華向）以爲

二三子憂寡人之罪也。若以羣子之靈獲保首領以歿，唯是楄柎所以藉幹者，楄柎，棺中笭牀也。幹，骸骨也。○楄音駢。柎音部，又音附。藉，在夜反。笭音靈。請無及先君。欲自貶損。仲幾對曰：君若以社稷之故，私降昵宴，羣臣弗敢知。昵，近也。降昵宴，謂損親近聲樂飲食之事。若夫宋國之法，死生之度，先君有命矣。羣臣以死守之，弗敢失隊。臣之失職，常刑不赦。臣不忍其死，君命祇辱。言君命必不行，祇適也。○隊音墜。祇音支。宋公遂行。己亥，卒于曲棘爲明年梁丘據語起本十二月。庚辰。齊侯圍鄆欲取以居公。不書圍。鄆人自服。不成圍初。臧昭伯如晉。臧會竊其寶龜僂句僂句。龜所出地名。僂音旅。又音屢。句居具反以卜爲信與僭。僭吉僭。不信也臧氏老將如晉問問昭伯起居會請往代家老行昭伯問家故。盡對故。事也及內子與母弟叔孫。則不對內子。昭伯妻。不對。若有他故再三問。不對。歸及郊。會逆。問。又如初又不對至。次於外而察之。皆無之。執而戮之。逸。奔郈。郈魴假使爲賈正焉郈在東平無鹽縣東南。鲂假。郈邑大夫。賈正。掌貨物使有常價。若市吏。○鲂音房賈音嫁計於季氏送計簿於季氏臧氏使五人以戈楯伏諸桐汝之閭桐汝。里名。○楯食準反。又音允會出逐之。反奔執諸季氏中門之外。平子怒曰。何故以兵入吾門。拘臧氏老。季臧有惡相怨惡及昭伯從公。平子立臧會立以爲臧氏後會曰。僂句不余欺也傳言卜筮之驗。善惡由人楚子使薳射城州屈。復茄人焉還復茄人於州屈。○屈居勿反。一其勿反茄音加城丘皇。遷訾人焉移訾人於丘皇使熊相禖郭巢季然郭卷使二大夫爲巢卷築郭也。卷城在南陽葉縣南。○禖音梅。卷音權。又音捲子大叔聞之曰楚王將死矣使民不安其土民必憂憂將及王弗能久矣爲明年楚子居卒傳

經二十有六年春王正月葬宋元公三月而葬。速三月公至自齊居于鄆夏公圍成成，孟氏邑。不書齊師。帥賤衆少。重在公秋公會齊侯莒子邾子杞伯盟于鄟陵鄟陵地闕。○鄟音專。又市轉反。一徒丸反公至自會居于鄆

無傳。九月庚申，楚子居卒。未同盟而赴以名。冬十月，天王入于成周。傳言王入在子朝奔後，經在前者，子朝來告晚。尹氏、召伯、毛伯以王子朝奔楚。召伯當言召氏，經誤也。尹、召族奔，非一人，故言氏。書奔在王入下者，王入乃告諸侯。

傳二十六年春王正月庚申，齊侯取鄆。前年已取鄆，至是乃發傳者，爲公處鄆起。葬宋元公，如先君，禮也。善宋人違命以合禮。三月，公至自齊，處于鄆，言魯地也。入魯竟，故書至；猶在外，故書地。夏，齊侯將納公，命無受魯貨。申豐從女賈豐。賈。二人。皆季氏家臣。○女音汝以幣錦二兩二丈為一端。二端為一兩。所謂匹也。二兩。二匹縛一如瑱瑱。充耳。縛。卷也。急卷使如充耳。易懷藏。○縛直轉反瑱它殿反適齊師。謂子猶之人高齮齮。子猶家臣。子猶。梁丘據。○齮魚綺反能貨子猶。為高氏後粟五千庚言若能為我行貨於子猶當為請。使得為高氏後。又當致粟五千庚。庚。十六斗凡八千斛。○能為于僞反。下當為為魯同高齮以錦示子猶。子猶欲之。齮曰。魯人買之。百兩一布。以道之不通先入幣財言魯人買此甚多。布陳之。以百兩為數子猶受之。言於齊侯曰。羣臣不盡力于魯君者。非不能事君也欲行其説。故先示欲盡力納魯君然據有異焉異猶怪也宋元公爲魯君如晉。卒於曲棘。叔孫昭子求納其君。無疾而死。不知天之弃魯耶。抑魯君有罪於鬼神。故及此也。君若待于曲棘。使羣臣從魯君以卜焉卜知可伐否若可。師有濟也。君而繼之。兹無敵矣。若其無成。君無辱焉。齊侯從之。使公子鉏帥師從公鉏。齊大夫成大夫公孫朝。

謂平子曰。有都以衛國也。請我受師。許之。以成邑禦齊師請納質恐見疑。(質)音致。弗許。曰。信女足矣。告於齊師曰。孟氏。魯之敝室也。敝壞也。(女)音汝。用成已甚。弗能忍也。請息肩于齊。公孫朝詐齊師言欲降。使來取成。(降)戶江反。齊師圍成。成人伐齊師之飲馬于淄者。曰。將以厭衆。以厭衆心。不欲使知已降也。淄水出泰山梁父縣西。北入汶。(飲)於鴆反。(淄)側其反。(厭)於冉反。又於葉反。魯成備而後告。曰。不勝衆。告齊言衆不欲降。已不能勝。(勝)音升。又始證反。師及齊師戰于炊鼻季氏師距公。非公命則不書。炊鼻。魯地齊子淵捷從洩聲子。聲子。魯大夫○洩息列反射之。中楯瓦瓦。楯脊。○射食亦反。楯常允反。又音允繇朐汏輈匕入者三寸入楯瓦也。朐車軛。輈。車轅繇。過也。汏。矢激。匕。矢鏃也。○繇音由。朐其俱反。汏他達反。輈陟留反。軛於革反。鏃子木反或七木反聲子射其馬斬鞅殪殪。死也。○鞅於丈反。殪於計反改駕人。以爲鬷戾也。而助之人。魯人也。鬷戾叔孫氏司馬子車曰。齊人也子車。即淵捷將擊子車。子車射之。殪。其御曰。又之又欲使射餘人子車曰。衆可懼也。而不可怒也。子囊帶從野洩叱之囊帶，齊大夫。野洩，即聲子。○叱，昌實反洩曰：軍無私怒，報乃私也，將亢子欲以公戰禦之。不欲私報其叱又叱之子囊復叱之亦叱之野洩亦叱也。言齊無戰心。但相叱冉豎射陳武子中手冉豎，季氏臣失弓而罵武子罵以告平子曰：有君子白皙，鬒鬚眉，甚口。平子曰：必子彊也，無乃亢諸子彊，武子字。○鬒，之忍反黑也對曰：謂之君子，何敢亢之僞言不敢違季氏林雍羞為顏鳴右，下皆魯人。羞為右。故下車戰苑何忌取其耳何忌。齊大夫。不欲殺雍。但截其耳以辱之。苑於阮反顏鳴去之其右見獲。懼而去之苑子之御曰。視下顧復欲使苑子擊其足苑子刜林雍。斷其足。鑋而乘於他車以歸。鑋。一足行刜芳弗反。又父勿反斷丁管反鑋遣政反顏鳴三入齊師。呼曰。林雍乘言魯人皆致力於季氏。不以私怨而相弃。呼火故反乘繩證反四月。單子如晉告急。五月。戊午。劉人敗王城之師于尸氏劉人。劉蚠之屬。王城。子朝之徒。尸氏在鞏縣西南偃師城戊辰。王城人。劉人。戰于施谷。劉師敗績施谷。周地秋。盟于鄟陵謀納公也齊侯謀七月己巳劉子以王出師敗懼出而庚午次于渠渠周地王城人焚劉燒劉子邑丙子王宿于褚氏洛陽縣南有褚氏亭○褚音煑丁丑王次于萑谷庚辰王入于胥靡辛巳王次于滑萑谷胥靡滑皆周地胥靡滑本鄭邑○萑音丸晉知躒趙鞅帥師納王使女寬守闕塞女寬晉大夫闕塞洛陽西南伊闕口也守之備子朝○知音智躒音歷女音汝塞素代反九月楚平王卒令尹子常欲立子西子西平王之長庶曰大子壬弱其母非適也壬昭

王也。(適)音的。下同王子建實聘之子西長而好善立長則順。建善則治。王順國治。可不務乎。子西怒曰。是亂國而惡君王也言王子建聘之。是章君王之惡。(長)上聲(好)去聲國有外援。不可瀆也外援秦也。瀆慢也王有適嗣。不可亂也。敗親速讎不立王。秦將來討。是速讎也亂嗣不祥。我受其名受惡名賂吾以天下。吾滋不從也滋益也楚國何爲。必殺令尹。令尹懼。乃立昭王。冬十月丙申。王起師于滑起發也辛丑。在郊（郊子朝邑）遂次于尸。十一月辛酉。晉師克鞏。（知躒趙鞅之師）召伯盈逐王子朝（伯盈本黨子朝。晉師克鞏。知子朝不成。更逐之而逆敬王）王子朝及召氏之族毛伯得尹氏固。南宮嚚奉周之典籍以奔楚（尹召二族皆奔故稱氏。重見尹固名者。爲後還見殺。見音現。爲去聲。且爲同）陰忌奔莒以叛（陰忌子朝黨。莒周邑）召伯逆王于尸。及劉子單子盟（召伯新還。故盟）遂軍圉澤。次于隄上（圉澤隄上皆周地。隄音低。或音啼）癸酉。王入于成周（成周今洛陽）甲戌。盟于襄宮（襄王之廟）晉師使戍公般戍周而還。般，晉大夫。○般音班。十二月癸未，王入于莊宮。莊宮在王城。王子朝使告于諸侯曰：昔武王克殷，成王靖四方，康王息民，竝建母弟，以蕃屏周，亦曰吾無專享文武之功，不敢專，故建母弟。且爲後人之迷敗傾覆而溺入于難，則振救之。至于夷王，王愆于厥身，夷王，厲王父也。愆，惡疾也。○覆音福。難，乃旦反。諸侯莫不竝走其望，以祈王身。至于厲王，王心戾虐，萬民弗忍，居王于彘。不忍害王也。厲王之末。周人流王于彘。○彘直例反諸侯釋位以閒王政閒猶與也。去其位。與治王之政事。○閒去聲。一如字宣王有志而後效官宣王。厲王子。彘之亂。宣王尚少。召公虎取而長之。效。授也至于幽王天不弔周王昏不若用愆厥位幽王。宣王子。若順也。愆。失也攜王奸命諸侯替之而建王嗣用遷郟鄏攜王幽王少子伯服也。王嗣。宜臼也。幽王后申姜生大子宜臼。王幸褒姒。生伯服。欲立之。而殺大子。大子奔申。申伯與鄫及西戎伐周。戰于戲。幽王死。諸侯廢伯服而立宜臼。是爲平王。東遷郟鄏。○攜戶圭反奸音干。鄏音辱。戲音希則是兄弟之能用力於王室也至于惠王。天不靖周生頹禍心。施于叔帶。惠襄辟難。越去王都惠王。平王六世孫。頹。惠王庶叔也。莊十九年作亂。惠王適鄭。襄王。惠王子。叔帶。襄王弟。僖二十四年。叔帶作難。襄王處氾。○施音異。辟音避。難去聲。氾音凡則有晉鄭咸黜不端黜去也。晉文殺叔帶。鄭厲殺子頹。爲王室去不端直之人。○去上聲以綏定王家則是兄弟之能率先王之命也。在定王六年。秦人降妖定王。襄王孫。定王六年。魯宣八年曰周其有頿王。亦克能脩其職。諸侯服享。二世共職二世。謂靈景。○頿子斯反（共）音恭王室其有間王位諸侯不圖而受其亂災間王位謂子朝也今子朝以爲王猛受亂災謂楚也今子朝以爲晉○（間）去聲下間先王同至于靈王生而有頿靈王定王孫王甚神聖無惡於諸侯靈王景王克終其世景王靈王子單今王室亂單旗劉狄剝亂天下壹行不若旗穆公也劉狄劉蚠也壹專也謂先王何常之有言先王無常法唯余心所命其誰敢討之帥羣不弔之人弔至也○（弔）如字舊丁歷反以行亂于王室侵欲無厭規求無

度。貫瀆鬼神貫。習也。瀆。易也。厭於鹽反貫古患反易以豉反慢弃刑法。倍奸齊盟。傲很威儀。矯誣先王。晉爲不道。是攝是贊攝。持也。贊。佐也。先王。謂景王。倍音佩很戶懇反思肆其罔極肆。放也茲不穀震盪播越。竄在荊蠻茲。此也。此不穀。子朝自謂。盪徒黨反未有攸厎。厎。至也。攸。所也若我一二兄弟甥舅。獎順天法。無助狡猾。以從先王之命。毋速天罰。赦圖不穀赦其憂而圖其難則所願也。敢盡布其腹心。及先王之經。而諸侯實深圖之。昔先王之命曰。王后無適。則擇立長。年鈞以德。德鈞以卜此所謂先王之經王不立愛。公卿無私。古之制也。穆后及大子壽。早夭。即世在十五年單劉贊私立少。以閒先王閒錯先王之制亦唯伯仲叔季圖之伯仲叔季。摠謂諸侯閔馬父聞子朝之辭曰。文辭以行禮也。子朝干景之命。遠晉之大。以專其志。無禮甚矣。文辭何爲傳終王室亂○(遠)于萬反

齊有彗星出齊之分野。不書。魯不見○(彗)似歲反齊侯使禳之

祭以禳除之晏子曰。無益也。祇取誣焉。誣。欺也天道不謟。謟。疑也不貳其命。若之何禳之。且天之有彗也。以除穢也。君無穢德。又何禳焉。若德之穢。禳之何損。詩曰。惟此文王。小心翼翼。昭事上帝。聿懷多福。厥德不回。以受方國。詩大雅。翼翼。共也。聿。惟也。回。違也。言文王德不違天人。故四方之國歸往之君無違德。方國將至。何患於彗。詩曰。我無所監。夏后及商。用亂之故。民卒流亡。逸詩也。言追監夏商之亡。皆以亂故若德回亂。民將流亡。祝史之爲無能補也。公説。乃止。齊侯與晏子坐于路寢。公歎曰。美哉室。其誰有此乎【景公自知德不能久有國。故歎也。○説音悦】晏子曰。敢問何謂也。公曰。吾以爲在德。對曰。如君之言。其陳氏乎。陳氏雖無大德。而有施於民。豆區釜鍾之數。其取之公也薄【謂以公量收。○施音翅。不出者同。區音甌】其施之民也厚【謂以私量貸。○施如字。又音翅】公厚斂焉。陳氏厚施焉。民歸之矣。詩曰。雖無德與女。式歌且舞詩小雅。義取雖無大德。要有喜說之心。欲歌舞之。式。用也。○歛力驗反。女音汝陳氏之施。民歌舞之矣。後世若少惰。陳氏而不亡。則國其國也已。公曰。善哉。是可若何。對曰。唯禮可以已之。在禮。家施不及國。民不遷。農不移。工賈不變。守常業。○賈音古士不濫。不失職官不滔。滔。慢也。○滔吐刀反大夫不收公利。不作福公曰。善哉。我不能矣。吾今而後。知禮之可以爲國也。對曰。禮之可以爲國也久矣。與天地竝。有天

（地則禮義與）君令臣共父慈子孝兄愛弟敬夫和妻柔姑慈婦聽禮也君令而不違臣共而不貳父慈而教子孝而箴（箴諫也○共音恭下同）兄愛而友弟敬而順夫和而義妻柔而正姑慈而從（從○不自專）婦聽而婉（婉順也）禮之善物也公曰善哉寡人今而後聞此禮之上也對曰先王所稟於天地以為其民也是以先王上之（稟受也）

春秋經傳集解昭公六第二十五

內閣中書臣費振勳敬書

春秋卷二十五考證

二十三年傳叔孫旦而立期焉註從旦至旦爲期。殿本閣本作從旦至莫非案音義云期本又作朞則與堯典朞三百有六旬朞字同解尚書疏云匝時而朞朞即匝也集韻廣韻訓復其時如自寅至寅是也若從旦至莫安得謂復其時耶

戊辰晦戰于雞父註違兵忌晦戰擊楚所不意。案晦月終陰之盡兵家所忌吳故違之是楚所不意也違字與郤至曰陳不違晦之違字同解　殿本閣本杜林合註本改違作遺而以遺兵忌晦絕句戰字絕句

文法支離殊失其義
二十五年傳吾聞文成之世童謠有之○閣本諸坊本俱作文武之世案文武距昭尚遠烏得便有此謠況賈逵曰文成魯文公成公也賈乃左傳註釋家之一其說確有根據史記魯世家漢書五行志引此俱作文成益信原本精審可訂俗本之訛
公執戈以懼之○執戈　殿本閣本作使戈訛
二十六年傳使女寬守闕塞○闕塞　殿本閣本作闕塞案春秋地名考畧河南府城南三十里有闕塞山一名伊闕其地兩山對峙石壁峭立望之若闕伊水

歷其間因之得名陸機曰洛有四關此其一也據此當從闕字

春秋經傳集解昭公七第二十六

盡三十二年

經二十七年春。公如齊。自鄆行。(鄆)音運。○公至自齊。居于鄆。夏四月。吳弒其君僚。僚亟戰民罷。又伐楚喪。故光乘閒而動。稱國以弒。罪在僚。○(罷)音皮。楚殺其大夫郤宛。無極。楚之讒人。宛所明知。而信近之。以取敗亡。故書名。罪宛。○(郤)去逆反。(宛)於阮反。又於元反。秋。晉士鞅。宋樂祁犂。衛北宮喜。曹人。邾人。滕人。會于扈。冬。十月。曹伯午卒。無傳。未同盟。而赴以名。邾快

來奔無傳。快，邾命卿也。故書公如齊自鄆行公至自齊居于鄆無傳

傳二十七年春，公如齊。公至自齊，處于鄆，言在外也。在外邑，故書地吳子欲因楚喪而伐之，前年楚平王卒使公子掩餘、公子燭庸帥師圍潛，二子皆王僚母弟。潛，楚邑，在廬江六縣西南使延州來季子聘于上國，季子本封延陵，後復封州來，故曰延州來遂聘于晉，以觀諸侯。觀彊弱楚莠尹然、工尹麇帥師救潛。二尹，楚官。然、麇，其名。○麇，九倫

反左司馬沈尹戌帥都君子。與王馬之屬。以濟師都君子。在都邑之士有復除者。王馬之屬。王之養馬官屬校人也。濟益也○復音福與吳師遇于窮。令尹子常以舟師及沙汭而還沙。水名左尹郤宛工尹壽帥師至于潛。吳師不能退楚師彊。故吳不得退去吳公子光曰。此時也弗可失也欲因其師徒在外。國不堪役。以弒王告鱄設諸曰。上國有言曰。不索何獲。我王嗣也。吾欲求之光。吳王諸樊子也。故曰我王嗣。○鱄音專事若克。季子雖至。不吾廢也至。謂聘還鱄設諸曰。王可弑也。母老子弱。是無若我何猶言我無若是何。欲以老弱託光光曰。我爾身也言我身猶爾身夏四月。光伏甲於堀室而享王掘地爲室。○堀苦忽反王使甲坐於道。及其門坐道邊至光門門階戶席。皆王親也。夾之以鈹。羞者獻體改服於門外羞。進食也。獻體。解衣。○鈹音披。劒也執羞者坐行而入坐行膝行執鈹者夾承之。承執羞者及體以相授也鈹及進羞者體以所食授王光僞足疾。入于堀室恐難作。王黨殺已。素辟之鱄設諸寘劍於魚中以進全魚炙抽劍刺王鈹交於胷交鱄諸胷遂弑王闔廬以其子爲卿闔廬光也以鱄諸子爲卿季子至曰苟先君無廢祀民人無廢主社稷有奉國家無傾乃吾君也吾誰敢怨哀死事生以待天命非我生亂立者從之先人之道也吳自諸樊以下兄弟相傳而不立適是亂由先人起也季子自知力不能討光故云爾復命哭墓復使命於僚墓復位而待復本位待光命吳公子掩餘奔徐公子燭庸奔鍾吾鍾吾小國楚

師聞吳亂而還言聞吳亂。明郤宛不取賂而還郤宛直而和。國人說之以直事君。以和接類鄢將師爲右領右領。官名。〇鄢於晚反。又烏戶反與費無極比而惡之惡郤宛。〇費扶味反比毗志反惡烏路反令尹子常賄而信讒。無極譖郤宛焉。謂子常曰子惡欲飲子酒子惡。郤宛。〇飲於鴆反又謂子惡。今尹欲飲酒於子氏。子惡曰。我賤人也。不足以辱令尹。令尹將必來辱。爲惠已甚。吾無以酬之若何酬。報獻無極曰。令尹好甲兵。子出之。吾擇焉（擇取以進子常）取五甲五兵。曰寘諸門。令尹至。必觀之。而從以酬之（曰。無極辭）及饗日。帷諸門左（張帷。陳甲兵其中）無極謂令尹曰。吾幾禍子。子惡將爲子不利。甲在門矣。子必無往。且此役也（此春救潛之役○幾音祈）吳可以得志。子惡取賂焉而還。又誤羣帥。使退其師。曰乘亂不祥。吳乘我喪。我乘其亂。不亦可乎。令尹使視郤氏。則有甲焉。不往。召鄢將師而告之（告子惡門有甲兵。將害己）

將師退。遂令攻郤氏。且爇之。爇，燒也。○爇，如悅反子惡聞之。遂自殺也。國人弗爇。令曰。不爇郤氏。與之同罪。或取一編菅焉。或取一秉秆焉。編，菅苫也。秉，把也。秆，槀也。○菅，古顏反。秆，古但反。禾莖也。國人投之。遂弗爇也。令尹炮之。炮，燔郤宛。盡滅郤氏之族黨。殺陽令終與其弟完及佗令終，陽匄子。與晉陳及其子弟。晉陳，楚大夫。皆郤氏之黨。晉陳之族呼於國曰。鄢氏。費氏自以爲王。專禍楚國。弱寡王室。蒙王與令尹。以自利也。蒙欺也呼火反令尹盡信之矣。國將如何。令尹病之。爲下殺無極張本秋。會于扈。令戍周。且謀納公也。宋衛皆利納公。固請之。范獻子取貨於季孫。謂司城子梁與北宮貞子子梁宋樂祁也貞子衛北宮喜曰。季孫未知其罪。而君伐之。請囚請亡。於是乎不獲。君又弗克。而自出也。夫豈無備而能出君乎。季氏之復。天救之也。復猶安也休公徒之怒。休息也而啓叔孫氏之心。不然。豈其伐人而說甲執冰以游。叔孫氏懼禍之濫。而自同於季氏。天之道也。魯君守齊。三年而無成。季氏甚得其民。淮夷與之。淮夷，魯東夷。○說，他活反。有十年之備。有齊楚之援。公雖在齊，言齊不致力。有天之贊。有民之助。有堅守之心。有列國之權。而弗敢宣也。宣，用也。事君如在國。書公行告公至，是也。故鞅以爲難。二子皆圖國者也。而欲納魯君。鞅之願也。請從二子以圍魯。無成死之。二子懼。皆辭。乃辭小國而以難復（以難納白晉君）孟懿子陽虎伐鄆（陽虎。季氏家臣。伐鄆。欲奪公）鄆人將戰子家子曰天命不慆久矣（慆。疑也。言弃君不疑。○慆他刀反）使君亡者必此衆也（言君據鄆衆以與魯戰。必敗亡）天既禍之而自福也不亦難乎。猶有鬼神。此必敗也。嗚呼。爲無望也夫其死於此乎。公使子家子如晉。公徒敗于且知（且知。近鄆地也。○夫音扶　且子餘反）楚郤宛之難。國言未巳。進胙者莫不謗令尹（進胙。國中祭祀也。謗。詛也）沈尹戌言於子常曰夫左尹與中廄尹莫知其罪而子殺之以興謗讟至于今不已左尹郤宛也中廄尹陽令終戌也惑之仁者殺人以掩謗猶弗爲也今吾子殺人以興謗而弗圖不亦異乎夫無極楚之讒人也民莫不知去朝吴在十五年。去起呂反朝如字出蔡侯朱在二十一年喪大子建殺連尹奢在二十年○喪息浪反屏王之耳目使不聰明不然平王之温惠共儉有過成莊無不及焉所以不獲諸侯邇無極也邇近也今又殺三不辜以興大謗三不辜郤氏陽氏晉陳氏幾及子矣子而不圖將焉用之夫鄢將師矯子之命以滅三族國之良也而不很位在位無很過幾音祈又音機吳新有君光新立也疆埸日駭楚國若有大事子其危哉知者除讒以自安也今子愛讒以自危也甚矣其惑也子常曰是瓦之罪敢不良圖九月己未子常殺費無極與鄢將師盡滅其族以說于國謗言

乃止。冬。公如齊。齊侯請饗之。設饗禮。○知音智子家子曰。朝夕立於其朝。又何饗焉。其飲酒也。乃飲酒。使宰獻而請安。比公於大夫也。禮。君不敵臣。宴大夫。使宰爲主。獻。獻爵也。請安。齊侯請自安。不在坐也子仲之子曰重。爲齊侯夫人。曰請使重見。子仲。魯公子慭也。十二年。謀逐季氏。不能而奔齊。今行飲酒禮。而欲使重見。從宴媟也。○重直勇反。又直恭反。見賢遍反。慭魚覲反。媟息列反子家子乃以君出。辟齊夫人十二月。晉籍秦致諸侯之戍于周。魯人辭以難。經所以不書。周。籍秦。籍談子

經二十有八年。春王三月。葬曹悼公無傳。六月而葬緩

公如晉。次于乾侯乾侯在魏郡斥丘縣。晉竟內邑夏四月。

丙戌。鄭伯寧卒無傳。未同盟而赴以名六月。葬鄭定公

無傳。三月而葬。速秋七月。癸巳。滕子寧卒無傳。未同盟而赴以名

冬。葬滕悼公無傳

傳。二十八年。春。公如晉。將如乾侯齊侯卑公。故適晉

子家子曰。有求於人。而即其安。人孰矜之。其

造於竟欲使次於竟以待命。○造七報反弗聽。使請逆於晉。

晉人曰。天禍魯國。君淹恤在外。君亦不使一个辱在寡人。一个。單使。○个音箇而即安於甥舅。其亦使逆君言自使齊逆君使公復于竟。而後逆之逆著乾侯也。言公不能用子家。所以見辱。○著中略反

晉祁勝與鄔臧通室。二子。祁盈家臣也。通室。易妻。○鄔舊音烏戶反。誤。當作於庶反祁盈將執之。盈。祁午之子訪於司馬叔游。叔游。司馬叔侯之子叔游曰。鄭書有之。惡直醜正。實蕃有徒。鄭書。古書名也。言害正直者。實多徒衆。○惡如字。又去聲無道立矣。子懼不免。言世亂讒勝詩

曰民之多辟無自立辟詩大雅○多辟匹亦反立辟婢亦反姑已若何姑且也已止也盈曰祁氏私有討國何有焉言討家臣無與國事遂執之祁勝賂荀躒荀躒爲之言於晉侯晉侯執祁盈以其專戮祁盈之臣曰鈞將皆死鈞同也憖使吾君聞勝與臧之死也以爲快憖發語之音○憖魚覲反乃殺之夏六月晉殺祁盈及楊食我楊叔向邑食我叔向子伯石也○食音嗣食我祁盈之黨也而助亂故殺之遂滅祁氏羊舌氏初叔向

欲娶於申公巫臣氏夏姬女也其母欲娶其黨。叔向曰。吾母多而庶鮮。吾懲舅氏矣言父多妾媵。而庶子鮮少。嫌母氏性不曠其母曰。子靈之妻殺三夫子靈。巫臣妻夏姬也。三夫。陳御叔。楚襄老。及巫臣也。時巫臣已死一君陳靈公一子夏徵舒而亡一國陳也兩卿矣孔寧。儀行父可無懲乎。吾聞之。甚美必有甚惡。是鄭穆少妃姚子之子。子貉之妹也。子貉。鄭靈公夷。貉亡白反子貉早死無後。而天鍾美於是是。夏姬也。鍾。聚也。子貉死在宣四年將必以是

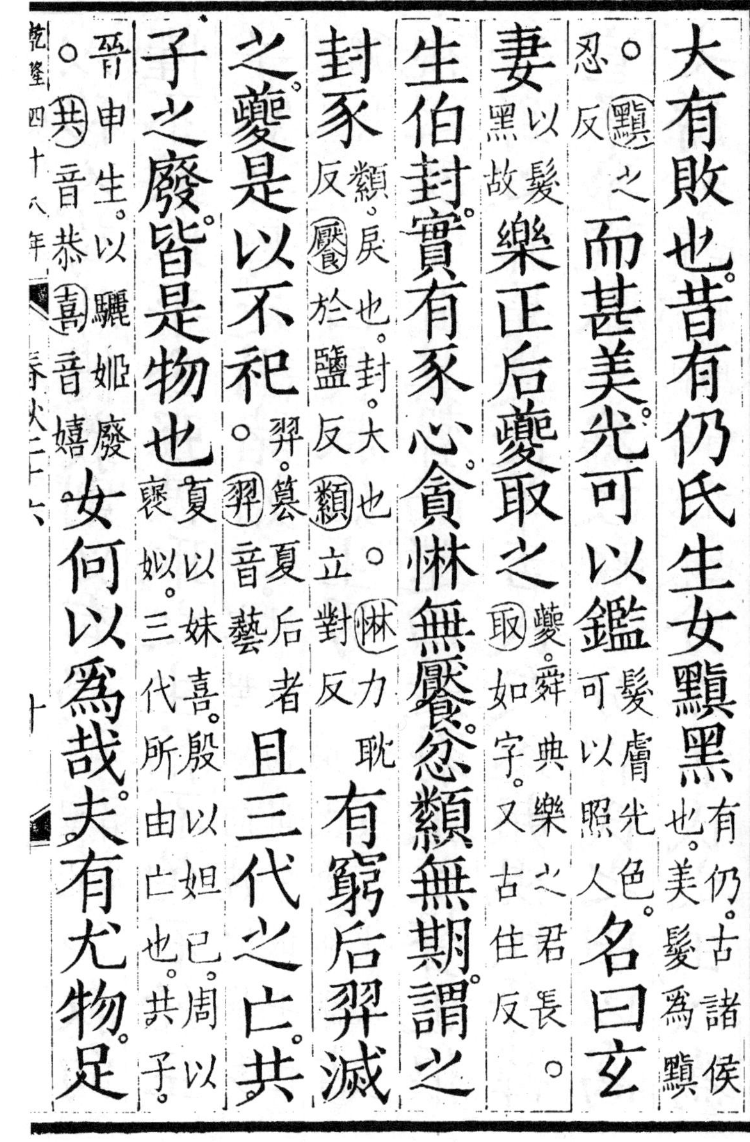

大有敗也。昔有仍氏生女黰黑有仍。古諸侯也。美髮爲黰。黰之忍反而甚美光可以鑑髮膚光色。可以照人名曰玄妻以髮黑故樂正后夔取之夔。舜典樂之君長。取如字。又古佳反生伯封。實有豕心。貪惏無饜。忿纇無期。謂之封豕纇。戾也。封。大也。惏力耽反饜於鹽反纇立對反有窮后羿滅之。夔是以不祀。羿。篡夏后者羿音藝且三代之亡。共子之廢。皆是物也。夏以妹喜。殷以妲己。周以褒姒。三代所由亡也。共子。晉申生。以驪姬廢。共音恭喜音嬉女何以爲哉。夫有尤物。足

以移人。苟非德義。則必有禍。尤，異也。○女音汝。叔向懼。不敢取。平公強使取之。生伯石。伯石始生。子容之母。走謁諸姑。子容母，叔向嫂，伯華妻也。姑，叔向母。○取，七住反。又如字。曰。長叔姒生男。兄弟之妻相謂姒。○長，丁丈反。姑視之。及堂。聞其聲而還。曰。是豺狼之聲也。狼子野心。非是莫喪羊舌氏矣。遂弗視。秋。晉韓宣子卒。魏獻子爲政。獻子，魏舒。分祁氏之田以爲七縣。分羊舌氏之田以爲七縣。七縣，鄔、祁、平陵、梗陽、塗水、馬首、盂也。

三縣。銅鞮。平陽。楊氏。○鞮丁兮反司馬彌牟爲鄔大夫。太原鄔縣賈辛爲祁大夫。太原祁縣司馬烏爲平陵大夫。魏戊爲梗陽大夫。戊。魏舒庶子。梗陽在太原晉陽縣南知徐吾爲塗水大夫。徐吾。知盈孫。塗水。太原榆次縣韓固爲馬首大夫。固。韓起孫孟丙爲孟大夫。太原孟縣樂霄爲銅鞮大夫。上黨銅鞮縣趙朝爲平陽大夫。朝。趙勝曾孫。平陽。平陽縣。○朝如字僚安爲楊氏大夫。平陽楊氏縣謂賈辛。司馬烏爲有力於王室。二十二年。辛烏帥師納敬王故舉之。謂知徐吾、趙朝、韓固、魏戊，餘子之不失職、能守業者也。卿之庶子爲餘子。其四人者，皆受縣而後見於魏子，以賢舉也。四人，司馬彌牟、孟丙、樂霄、僚安也。受縣而後見，言采衆而舉，不以私也。○見，賢遍反。魏子謂成鱄：鱄，晉大夫。○鱄音鄟，又市轉反，又音附。「吾與戊也縣，人其以我爲黨乎？」對曰：「何也？戊之爲人也，遠不忘君，遠，疏遠也。近不偪同，不偪同位。居利思義，不苟得。在約思純，無濫心。有守心而無淫行，雖與之縣，不亦可乎？昔武王克商，光有天下光。大也。○行，下孟反。其兄弟之國者十有五人，姬姓之國者四十人，皆舉親也。夫舉無他，唯善所在，親疏一也。詩曰：唯此文王，帝度其心，莫其德音。其德克明，克明克類，克長克君。王此大國，克順克比。比于文王，其德靡悔。既受帝祉，施于孫子。詩大雅。美文王能王大國，受天福，施及子孫。○度，待洛反。莫，亡白反，又如字。王此，于況反。施，以豉反。心能制義曰度，帝度其心。德正應和曰莫，莫然清靜。照臨四方曰明，勤施無私曰類施而無私。物得其所。無失類也。○施式豉反教誨不倦曰長教誨長人之道賞慶刑威曰君作威作福。君之職也慈和徧服曰順唯順故天下徧服擇善而從之曰比比方善事使相從也經緯天地曰文經緯相錯。故織成文九德不愆作事無悔九德。上九曰也。皆無愆過。則動無悔吝故襲天祿子孫賴之襲受也主之舉也近文德矣所及其遠哉舉魏戊等。勤施無私也。其四人者。擇善而從。故曰近文德。所及遠也

賈辛將適其縣見於魏子魏子曰辛來昔叔向適鄭鬷蔑惡惡貌

醜。鬷欲觀叔向。從使之收器者。從。隨也。隨子工反 使人應斂組豆者 而往。立於堂下。一言而善。叔向將飲酒。聞之。曰。必鬷明也。素聞其賢。故聞其言而知之 下執其手以上。曰。昔賈大夫惡。賈國之大夫。惡亦醜也 娶妻而美。三年不言不笑。御以如臯。爲妻御之臯澤 射雉。獲之。其妻始笑而言。賈大夫曰。才之不可以已。我不能射。女遂不言不笑。夫今子少不颺。顔貌不揚 顯。○射雉。音石。女音汝 子若無言。吾幾失子矣。言之不可以已也。如是遂如故知。今女有力於王室。吾是以舉女。因賈辛有功而後舉之。言人不可無能。○幾音祁行乎。敬之哉。毋墮乃力。墮，損也。○墮許規反仲尼聞魏子之舉也。以爲義。曰。近不失親。謂舉魏戊遠不失舉。以賢舉可謂義矣。又聞其命賈辛也。以爲忠。先賞王室之功。故爲忠詩曰。永言配命。自求多福。忠也。詩大雅。永長也。言能長配天命致多福者。唯忠。魏子之舉也義。其命也忠。其長有後於晉國乎。冬。梗陽人有獄。魏戊不能斷以獄上上，魏子。斷，丁亂反。其大宗賂以女樂訟者之大宗魏子將受之魏戊謂閻沒女寬二人，魏子之屬大夫曰主以不賄聞於諸侯若受梗陽人賄莫甚焉吾子必諫皆許諾退朝待於庭魏子朝君退而待於魏子之庭。聞如字，又音問。饋入召之召二大夫食比置三歎既食使坐更命之令坐魏子曰吾聞諸伯叔諺曰唯食忘憂吾子置食之閒三歎何也同辭而對曰或賜二小人酒不夕食或，他人也。言飢甚。饋之始至恐其不足是以歎中置自咎曰豈將軍食之而有不足是以再歎魏子中軍帥故謂之將軍○食音嗣及饋之畢願以小人之腹為君子之心屬厭而已屬足也言小人之腹飽猶知厭足君子之心亦宜然○屬之玉反厭於鹽反又於豔反獻子辭梗陽人傳言魏氏所以興也

經二十有九年春公至自乾侯居于鄆以乾侯致不得見晉侯故齊侯使高張來唁公唁公至晉不見受高張高偃子公如晉次于乾侯復不見受住乾侯夏四月庚子叔

詣卒無傳秋七月冬十月鄆潰無傳民逃其上曰潰潰散叛公○潰戶對反

傳二十九年春公至自乾侯處于鄆齊侯使高張來唁公稱主君比公於大夫子家子曰齊卑君矣君祇辱焉言往事齊適取辱○祇音支公如乾侯為齊所卑故復適晉冀見恤三月己卯京師殺召伯盈尹氏固及原伯魯之子皆子朝黨也稱伯魯子終不說學○說音悅尹固之復也二十六年尹固與子朝俱奔楚而道還有婦人遇之

周郊尤之曰。處則勸人爲禍。行則數日而反。是夫也。其過三歲乎。夏五月。庚寅。王子趙車入于鄻以叛。陰不佞敗之。趙車。子朝之餘也。見王殺伯盈等。故叛。鄻。周邑。○數所主反　鄻列勉反平王每歲賈馬賈。買也。○賈古買反具從者之衣屨而歸之于乾侯。公執歸馬者賣之。賣其馬。乃不歸馬。衞侯來獻其乘馬。曰啓服。啓服。馬名。○乘如字。又乘證反塹而死。隋塹死也公將爲之櫝爲作棺也子家子曰。從者病矣。請以食之。乃以帷公賜公衍羔裘裹之禮曰。㡚帷不弃。爲埋馬也。○從去聲食音嗣使獻龍輔於齊侯龍輔。玉名遂入羔裘。齊侯喜與之陽穀陽穀。齊邑公衍公爲之生也。其母偕出出之產舍公衍先生。公爲之母曰。相與偕出。請相與偕告留公衍母。使待己共白公三日。公爲生。其母先以告。公爲爲兄。公私喜於陽穀。而思於魯。曰務人爲此禍也務人。公爲也。始與公若謀逐季氏且後生而爲兄。其誣也久矣。乃黜之。而以公衍爲大子。秋。龍見于絳郊。絳。晉國都。見賢遍反。下同 魏獻子問於蔡墨曰。蔡墨。晉大史 吾聞之。蟲莫知於龍。以其不生得也。謂之知。信乎。對曰。人實不知。非龍實知。言龍無知。乃人不知之耳。莫知音智。下謂之知。實知。注無知同 古者畜龍。故國有豢龍氏。有御龍氏。豢。御。養也。豢音患 獻子曰。是二氏者。吾亦聞之。而不知其故。是何謂也。對曰。昔有飂叔安。飂。古國也。叔安。其君名。飂力謬反 有裔子曰董父。裔。遠也。玄孫之後爲裔 實甚好龍。能求其耆欲以

飲食之。龍多歸之。乃擾畜龍。以服事帝舜。帝
賜之姓曰董。擾。順也。○好呼報反。耆時志反。飲於鴆反。食音嗣。下同。擾而小
反氏曰豢龍。豢龍。官名。官有世功。則以官氏封諸鬷川。鬷夷
氏其後也。鬷。水上夷。皆董姓。○鬷子工反故帝舜氏世有畜
龍。及有夏孔甲。擾于有帝。孔甲。少康之後九世君也。其德能順
於天帝賜之乘龍。河漢各二。合為四。○乘繩證反各有雌
雄。孔甲不能食。而未獲豢龍氏。有陶唐氏既
衰。其後有劉累。陶唐。堯所治地學擾龍于豢龍氏。以

事孔甲能飲食之。夏后嘉之。賜氏曰御龍。夏后。孔甲以更豕韋之後。更，代也。以劉累代彭姓之豕韋。累尋遷魯縣。豕韋復國。至商而滅。累之後世。復承其國爲豕韋氏。在襄二十四年。○更音庚龍一雌死。潛醢以食夏后。潛，藏也。藏以爲醢。明龍不知。○醢音海。知音智夏后饗之。既而使求之。求致龍也懼而遷於魯縣。不能致龍。故懼遷魯縣。自貶退也。魯縣。今魯陽也范氏其後也。晉范氏也子曰。今何故無之。對曰。夫物物有其官。官脩其方。方，法術朝夕思之。一日失職。則死及之。失職。

有罪失官不食不食祿官宿其業宿猶安也其物乃至設水官脩則龍至若泯弃之物乃坻伏泯。滅也。坻。止也。○(泯)彌忍反(坻)音旨。又丁禮反鬱湮不育鬱。滯也。湮。塞也。育。生也○(湮)音因故有五行之官是謂五官實列受氏姓封爲上公爵上公祀爲貴神社稷五祀是尊是奉五官之君長能脩其業者。死皆配食於五行之神。爲王者所尊奉木正曰句芒正。官長也。取木生句曲而有芒角也。其祀重焉○(句)古侯反。下同(重)直龍反。下同火正曰祝融祝融。明貌。其祀犂焉金正曰蓐收秋物摧蓐而可收也。其祀該焉

○（蓐）音辱（摧）徂回反 水正曰玄冥，水陰而幽冥。其祀脩及熙焉 土正曰后土，土爲羣物主，故稱后也。其祀句龍焉。在家則祀中霤。在野則爲社。○（霤）力救反 龍，水物也。水官弃矣，故龍不生得。弃，廢也 不然，周易有之。言若不爾，周易無緣有龍 在乾䷀之乾下乾上。乾之姤䷫，巽下乾上。姤，乾初九變。○（姤）古豆反 曰：潛龍勿用。乾初九爻辭 其同人䷌，離下乾上。同人，乾九二變 曰：見龍在田。九二爻辭 其大有䷍，乾下離上。大有，乾九五變 曰：飛龍在天。乾九五爻辭 其夬䷪，乾下兌上。夬，乾上九變。○（夬）古快反 曰：亢龍有悔（乾上九爻辭）其坤☷（坤上坤下。坤。乾六爻皆變）曰見羣龍無首吉（乾用九爻辭）坤之剝☶（坤下艮上剝。坤上六變）曰龍戰于野（坤上六爻辭）若不朝夕見誰能物之（物謂上六卦所稱龍。各不同也。今說易者皆以龍喻陽氣。如史墨之言。則爲皆是眞龍）獻子曰社稷五祀誰氏之五官也（問五官之長皆是誰）對曰少皞氏有四叔（少皞。金天氏。皞戶老反）曰重曰該曰脩曰熙實能金木及水（能治其官。重直龍反）使重爲句芒（木正）該爲蓐收（金正）脩及熙爲玄冥（二子相代爲水正世不失職遂濟窮桑此其三祀也窮桑少皥之號也。四子能治其官。使不失職。濟成少皥之功。死皆爲民所祀。窮桑地在魯北顓頊氏有子曰犂。爲祝融犂爲火正共工氏有子曰句龍爲后土共工在大皥後。神農前。以水名官者。其子句龍。能平水土。故死而見祀此其二祀也。后土爲社方荅社稷。故明言爲社稷。田正也掌播殖也有烈山氏之子曰柱。爲稷烈山氏。神農世諸侯自夏以上祀之祀柱周弃亦爲稷弃。周之始祖。能播百穀。湯旣勝夏。廢柱而以弃代之自商以來祀之傳言蔡墨之博物。冬。晉趙鞅荀寅帥師城汝濱趙鞅。趙武孫也。荀寅。中行荀吴之子。汝濱晉所取陸渾地遂賦晉國一鼓鐵以鑄刑鼎令晉國各出功力。共鼓石爲鐵。計令一鼓而足。因軍役而爲之。故言遂著范宣子所爲刑書焉。仲尼曰。晉其亡乎失其度矣。夫晉國將守唐叔之所受法度以經緯其民。卿大夫以序守之序。位次也民是以能尊其貴貴是以能守其業貴賤不愆。所謂度也。文公是以作執秩之官爲被廬之法僖二十七年。文公蒐被廬。脩唐叔之法。以爲盟主。今弃是度也。而爲刑鼎。被皮義反民在鼎矣。何以尊貴。弃禮徵書。故不尊貴貴何業之守。民不奉上。則上失業貴賤無序。何以爲國。且夫宣子之刑。夷之蒐也。晉國之亂制也。范宣子所用刑。乃夷蒐之法也。夷蒐在文六年。一蒐而三易中軍帥。賈季箕鄭之徒遂作亂。故曰亂制若之何以爲法。蔡史墨曰。范氏中行氏其亡乎。蔡史墨。即蔡墨中行寅爲下卿。而干上令。擅作刑器。以爲國法。是法姦也。又加范氏焉。易之。亡也。范宣子刑書。中既廢矣。今復興之。是成其咎其及趙氏趙孟與焉然不得已若德可以免鑄刑鼎本非趙鞅意。不得已而從之。若能脩德。可以免禍。爲定十三年荀寅士吉射入朝歌以叛○與音預朝如字

經三十年春王正月公在乾侯釋不朝正于廟夏六月庚辰晉侯去疾卒未同盟而赴以名秋八月葬晉頃公○三月而葬速○頃音傾冬十有二月吳滅徐徐子章禹奔楚徐子稱名。以名告也

傳三十年春王正月公在乾侯不先書鄆與

乾侯非公且徵過也徵明也二十七年二十八年公在鄆二十九年公在乾侯而經不釋朝正之禮者所以非責公之安且明過謬猶可掩故不顯書其所在使若在國然自是鄆人潰叛齊晉卑公子家忠謀終不能用內外弃之非復過誤所當掩塞故每歲書公所在。(徵)直升反夏六月晉頃公卒秋八月葬鄭游吉弔且送葬魏獻子使士景伯詰之(詰)起吉反曰悼公之喪子西弔子蟜送葬在襄十五年(蟜)居表反今吾子無貳何故弔葬共使(使)所吏反對曰諸侯所以歸晉君禮也禮也者小事大大字小之謂事大在共其時命隨時共所求○共音恭字小在恤其所無以敝邑居大國之閒共其職貢與其備御不虞之患豈忘共命言不敢忘共命以所備御者多不及辨之○御魚呂反辨皮莧反先王之制諸侯之喪士弔大夫送葬唯嘉好聘享三軍之事於是乎使卿晉之喪事敝邑之閒先君有所助執紼矣紼輓索也禮送葬必執紼○閒音閑紼音弗輓音晚若其不閒雖士大夫有所不獲數矣王禮數不得如先大國之惠亦慶

其加慶善也謂善其君自行而不討其乏明厎其情厎致也。○厎音旨取備而已以爲禮也靈王之喪在襄二十九年我先君簡公在楚我先大夫印段實往敝邑之少卿也少年少也王吏不討恤所無也今大夫曰女盍從舊盍何不也○女音汝舊有豐有省不知所從從其豐則寡君幼弱是以不共從其省則吉在此矣唯大夫圖之晉人不能詰傳言大叔之敏吳子使徐人執掩餘使鍾吾人執燭庸二十七年奔故二公子奔楚。楚子大封而定其徙。大封。與土田。定其所徙之居。使監馬尹大心逆吳公子。使居養。二子奔楚。楚使逆之於竟也。養。卽所封之邑。○監古銜反莠尹然左司馬沈尹戌城之。城養。取於城父與胡田以與之。胡田。故胡子之地。將以害吳也。子西諫曰。吳光新得國。而親其民。視民如子。辛苦同之。將用之也。若好吾邊疆。使柔服焉。猶懼其至。柔服。謂不與吳構怨。○好呼報反吾又疆其讎。以重怒之。無乃不可乎。讎。謂

二公子 吳周之胄裔也。而弃在海濱。不與姬通。今而始大。比于諸華。光又甚文。將自同於先王。先王。謂大王王季。亦自西戎始比諸華 不知天將以爲虐乎。使翦喪吳國。而封大異姓乎。其抑亦將卒以祚吳乎。其終不遠矣。言其事行可知。不久 我盍姑億吾鬼神 億。安也 而寧吾族姓。以待其歸。善惡之歸 將焉用自播揚焉 播揚猶勞動也。○焉於虔反。播彼我反。又波賀反 王弗聽。吳子怒。冬。十二月。吳子執鍾吾子。遂伐徐。

防山以水之（防壅山水以灌徐）已卯。滅徐。徐子章禹斷其髮。（斷髮自刑。示懼　斷丁緩反）攜其夫人。以逆吳子。吳子唁而送之。使其邇臣從之。遂奔楚。（邇近也）楚沈尹戌帥師救徐。弗及。遂城夷。使徐子處之。（夷城父也）吳子問於伍員曰。初而言伐楚。（在二十年）（員音云）余知其可也。而恐其使余往也。又惡人之有余之功也。今余將自有之矣。伐楚何如。對曰。楚執政衆而乖。莫適任患。若爲三師以肄焉肄猶勞也。(惡)去聲(適)音的(任)音壬(肄)以利反一師至彼必皆出彼出則歸彼歸則出楚必道敝。罷敝於道(罷)音皮亟肄以罷之亟數也。(亟)欺冀反多方以誤之既罷而後以三軍繼之必大克之闔廬從之楚於是乎始病爲定四年吳入楚傳

經三十有一年春王正月公在乾侯季孫意如會晉荀躒于適歷適歷晉地。(躒)音歷(適)音的夏四月。丁巳薛伯穀卒襄二十五年盟重丘。(重)平聲晉侯使荀躒

唁公于乾侯將使意如迎公故荀躒來唁秋葬薛獻公無傳冬黑肱以濫來奔黑肱邾大夫濫東海昌慮縣不書邾史闕文○濫力甘反或力暫反慮音閭又如字十有二月辛亥朔日有食之

傳三十一年春王正月公在乾侯言不能外內也公內不容於臣子外不容於齊晉所以久在乾侯晉侯將以師納公范獻子曰若召季孫而不來則信不臣矣然後伐之若何晉人召季孫獻子使私焉曰子必來我受其無咎言我爲子受無咎之任季孫意

如會晉荀躒于適歷荀躒曰寡君使躒謂吾子何故出君有君不事周有常刑子其圖之季孫練冠麻衣跣行跣素典反示憂感伏而對曰事君臣之所不得也敢逃刑命言願事君君不肯還不敢辟罪君若以臣爲有罪請囚于費以待君之察也亦唯君若以先臣之故不絶季氏而賜之死雖賜以死不絶其後費音秘若弗殺弗亡君之惠也死且不朽若得從君而歸則固臣之願也敢有異

心君。皆謂魯侯也。蓋季孫探言罪已輕重。以荅荀躒。○探他南反夏。四月。季孫從知伯如乾侯。知伯。荀躒○知音智子家子曰。君與之歸。一慙之不忍。而終身慙乎。公曰。諾。衆曰。在一言矣。君必逐之言晉既憂君。君一言使晉。晉必逐之荀躒以晉侯之命唁公。且曰。寡君使躒以君命討於意如。意如不敢逃死。君其入也。公曰。君惠顧先君之好。施及亡人。將使歸糞除宗祧以事君。則不能見夫人。已所能見夫人者。有如河夫人。謂季孫也。言若見季孫已當受禍。明如河以自誓荀躒掩耳而走怪公所言。示不忍聽曰寡君其罪之恐。敢與知魯國之難言恐獲不納君之罪。今納而不入。何敢復知耶。○與音預難乃旦反臣請復於寡君。退而謂季孫。君怒未怠。子姑歸祭歸攝君事子家子曰。君以一乘入于魯師。季孫必與君歸。公欲從之。衆從者脅公。不得歸傳言君弱。不得復自在。○乘繩證反從才用反薛伯穀卒。同盟故書謂書名也。入春秋來。薛始書名。故發傳。經在荀躒唁公上。傳在下者。欲魯事相次秋。吳人侵楚。伐夷。侵潛、六。皆楚邑楚沈尹戌帥師救潛。吳師還。楚師遷潛於南岡而還。吳師圍弦。左司馬戌、右司馬稽帥師救弦，及豫章。左司馬沈尹戌○稽音啓，又古兮反吳師還。始用子胥之謀也。謀在前年冬。

邾黑肱以濫來奔，賤而書名，重地故也。黑肱非命卿，故曰賤君子曰：名之不可不慎也如是。是，黑肱也夫有所有名而不如其已。有所，謂有地也。言雖有名，不如無名。已，止也以地叛，雖賤，必書地，以名其人，終為不義。

弗可滅已。是故君子動則思禮。行則思義。不爲利回（回正心也。爲于僞反。下同）不爲義疚（疚。病也。見義則爲之）或求名而不得。或欲蓋而名章。懲不義也。齊豹爲衛司寇。守嗣大夫（守先人嗣。言其尊）作而不義。其書爲盜（求名而不得也。二十年。豹殺衛侯兄。欲求不畏彊禦之名）郲庶其（在襄二十一年）莒牟夷（在五年）郲黑肱。以土地出。求食而已。不求其名。賤而必書（春秋叛者多。唯取三人來適魯者。三人皆小國大夫。故曰賤）此二物者。所以懲肆而去貪也物。事也。肆。放也。齊豹書盜。懲肆也。三叛人名。去貪也。(去)上聲若艱難其身身為艱難以險危大人大人。在位者而有名章徹謂得勇名攻難之士將奔走之攻猶作也。奔走猶赴趣也。(難)去聲若竊邑叛君。以徼大利而無名謂不書其人名。(徼)音澆貪冒。之民將寘力焉。盡力為之。不顧於見書(冒)亡北反。又亡報反是以春秋書齊豹曰盜。三叛人名。以懲不義數惡無禮。其善志也無禮惡逆。皆數而不志。記事之善者也。(數)所主反故曰。春秋之稱。微而顯。文微而義著(稱)尺證反婉而辨辭婉而旨別○別彼列反上之人能使昭明上之人。謂在位者。在位者能行其法。非賤人所能善人勸焉淫人懼焉是以君子貴之。十二月。辛亥朔。日有食之。是夜也。趙簡子夢童子羸而轉以歌轉。宛轉也。○羸力果反旦占諸史墨。曰。吾夢如是。今而日食。何也。簡子夢適與日食會。謂咎在己。故問之對曰。六年及此月也。吳其入郢乎。終亦弗克史墨知夢非日食之應。故釋日食之咎。而不釋其夢。○郢以井反。又羊政反入郢。必以庚辰庚日有變。日在辰尾。故曰以庚辰。定四年十一月庚辰。吳入郢日月在辰尾辰尾。龍尾也。周十二月今之十月。日月合朔於辰尾而食庚午之日。日始有謫。火勝金。故弗克謫變氣也。庚午。十月十九日。去辛亥朔。四十一日雖食在辛亥。更以始變爲占也。午。南方。楚之位也。午。火。庚。金也。日以庚午有變。故災在楚。楚之仇敵唯吳。故知入郢必吳。火勝金者。金爲火妃。食在辛亥。亥。水也。水數六。故六年也。○謫。直革反

經三十有二年。春王正月。公在乾侯。取闞。無傳。公別居乾侯。遣人誘闞而取之。不用師徒。○闞。口暫反夏。吳伐越。秋。七月。冬。仲孫何忌。會晉韓不信。齊高張。宋仲幾

衛世叔申。鄭國參。曹人。莒人。薛人。杞人。小邾人。城成周世叔申。世叔儀孫也。國參。子產之子。不書盟。時公在外。未及告公。公巳薨。○參七南反

十有二月己未。公薨于乾侯十五日

傳三十二年春王正月。公在乾侯。言不能外內。又不能用其人也其人。謂子家羈也。言公不能用其人。故於今猶在乾侯

夏。吳伐越。始用師於越也自此之前。雖疆事小爭。未嘗用大兵

史墨曰。不及四十年。越其有吳乎存亡之數。不過三紀。歲星三周。三十六歲。故曰不及四十年。哀二十二年。越滅吳。至此三十八歲

越得歲而吳伐之必受其凶此年歲在星紀星紀吳越之分也歲星所在其國有福吳先用兵故反受其殃秋八月王使富辛與石張如晉請城成周子朝之亂其餘黨多在王城敬王畏之徙都成周成周狹小故請城之天子曰天降禍于周俾我兄弟竝有亂心以爲伯父憂俾使也兄弟謂子朝也伯父謂晉侯我一二親暱甥舅不皇啓處於今十年謂二十三年二師圍郊至于今○昵女乙反勤戍五年謂二十八年晉籍秦致諸侯之戍至于今余一人無日忘之念諸侯勞閔閔焉如農夫之

望歲。懼以待時閔閔。憂貌。王憂亂。常閔閔冀望安定。如農夫之憂飢。冀望來歲之將熟伯父若肆大惠。復二文之業。弛周室之憂肆。展。放也。二文。謂文侯仇。文公重耳。弛猶解也徼文武之福。以固盟主。宣昭令名。則余一人有大願矣。昔成王合諸侯城成周。以爲東都。崇文德焉作成周。遷殷民。以爲京師之東都。所以崇文王之德○徼古堯反今我欲徼福假靈于成王。脩成周之城。俾戍人無勤。諸侯用寧。蝥賊遠屏。晉之力也蝥賊。喻災害○蝥亡侯反其委諸伯父使伯父實重圖之俾我一人無徵怨于百姓徵召也○徵張升反而伯父有榮施先王庸之庸功也。先王之靈。以為大功○施式豉反范獻子謂魏獻子曰與其戍周不如城之天子實云云欲罷戍而城雖有後事晉勿與知可也從王命以紓諸侯晉國無憂是之不務而又焉從事魏獻子曰善使伯音對伯音。韓不信。○與音預紓音舒曰天子有命敢不奉承以奔告於諸侯遲速衰序衰。差也。序。次也○衰初危反於是焉在。在周所命。冬。十一月。晉魏舒。韓不信。如京師。合諸侯之大夫于狄泉。尋盟。且令城成周。尋平丘盟。魏子南面。居君位。衞彪傒曰。魏子必有大咎。干位以令大事。非其任也。彪傒。衞大夫。○彪彼蚪反。傒音兮。詩曰。敬天之怒。不敢戲豫。敬天之渝。不敢馳驅。詩大雅。戒王者。言當敬畏天之譴怒。不可遊戲逸豫。驅馳自恣。渝。變也。況敢干位以作大事乎。己丑。士彌牟營成周。計丈數。計所當城之丈數也。揣高卑。度高曰揣。○揣丁果反。又初委反。度厚薄。仞溝洫度深曰仞物土方。議遠邇物。相也。相取土之方面。遠近之宜。相息亮反。量事期知事幾時畢。幾居豈反。下同計徒庸知用幾人功慮材用。知費幾材用費芳貴反書餱糧知用幾糧食以令役於諸侯屬役賦丈付所當城尺丈。屬之欲反書以授帥。帥。諸侯之大夫帥所類反而效諸劉子效。致也韓簡子臨之以爲成命臨履其事。以命諸侯。經所以不書魏舒十二月。公疾徧賜大夫從公者。從才用反。下同大夫不受賜子家子雙琥琥。玉器一環。一璧輕服細好之服受之。

大夫皆受其賜己未公薨子家子反賜於府人曰吾不敢逆君命也大夫皆反其賜書曰公薨于乾侯言失其所也不薨路寢為失所趙簡子問於史墨曰季氏出其君而民服焉諸侯與之君死於外而莫之或罪也對曰物生有兩有三有五有陪貳故天有三辰謂有三地有五行謂有五體有左右謂有兩各有妃耦謂陪貳妃音配○王有公諸侯有卿皆有貳也天生季氏以貳

魯侯爲日久矣民之服焉不亦宜乎魯君世從其失季氏世脩其勤民忘君矣雖死於外其誰矜之社稷無常奉奉之無常人言唯德也○從子用反君臣無常位自古以然史墨跡古今以實言故詩曰高岸爲谷深谷爲陵詩小雅言高下有變易三后之姓於今爲庶主所知也三后虞夏商在易卦雷乘乾曰大壯䷡乾下震上大壯震在乾上故曰雷乘乾天之道也乾爲天子震爲諸侯而在乾上君臣易位猶臣大强壯若天上有雷昔成季友桓之

季也文姜之愛子也始震而卜卜人謁之曰
生有嘉聞嘉名聞於世○震如字○一音身聞音問其名曰友爲
公室輔及生如卜人之言有文在其手曰友
遂以名之既而有大功於魯立僖公○名之○武政反受
費以爲上卿至於文子武子文子行父○武子宿○費音祕
世增其業不廢舊績魯文公薨而東門遂殺
適立庶魯君於是乎失國失國權政在季氏於
此君也四公矣民不知君何以得國是以爲

君。慎器與名。不可以假人器。車服。名。爵號。

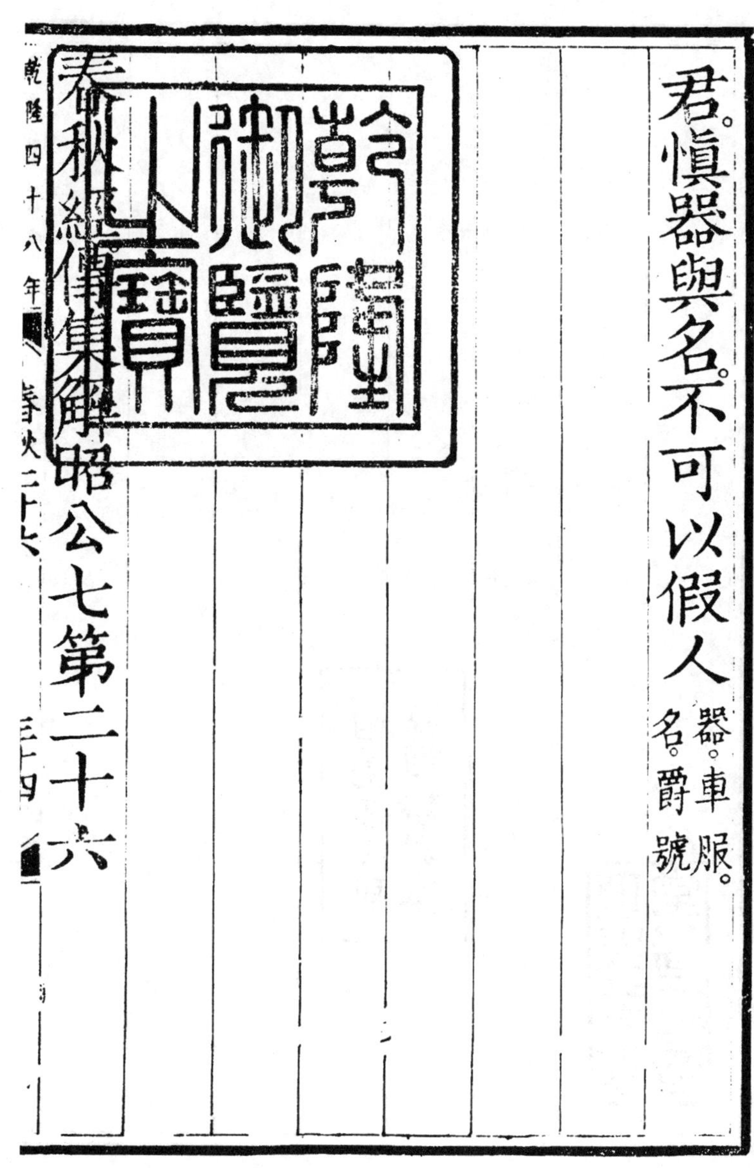

春秋經傳集解昭公七第二十六

相臺岳氏刻梓荆谿家塾

項氏萬卷堂圖籍印

內閣中書臣繼錦森敬書

春秋卷二十六考證

二十八年傳今女有力于王室○力　殿本閣本作功此據註中功字也不知傳上文已有謂賈辛司馬烏爲有力於王室句則力字似更有據彙纂定本杜林合註本與此同

二十九年公至自乾侯註以乾侯致○案致謂致告于廟也玩疏自明諸本竝改作至非

傳及有夏孔甲註孔甲少康之後○案註申字刊誤今改正

三十年吴滅徐徐子章禹奔楚○禹字傳文及公羊經

杜林合註本永懷堂本與此同　殿本閣本諸坊本

皆作羽經傳異文

傳令吾子無貳註弔葬共使。案弔葬兩事即上文云

鄭游吉弔且送葬是也　殿本閣本作弔喪則漏却

一事矣

三十一年傳邾庶其註在襄二十一年。案庶其以漆

閭邱來奔正襄二十一年春也　殿本閣本作二十

二年訛

數惡無禮其善志也註無禮惡逆皆數而不志。不志

殿本閣本作不忘非

春秋經傳集解定公上第二十七

定公名宋，襄公之子，昭公之弟。謚法安民大慮曰定。

盡七年

公之始年而不書正月，公即位在六月故。三月，晉人執宋仲幾于京師。晉執人於天子之側，而不以歸京師，故但書其執，不書所歸。幾音機。夏，六月，癸亥，公之喪至自乾侯。告於廟，故書至。戊辰，公即位。定公不得以正月即位，失其時，故詳而日之，記事之宜。無義例。秋，七月，癸巳，葬我君昭公。公在外薨，故八月乃葬。

九月大雩無傳過也○雩音于立煬宮煬公伯禽子也其廟已毀季氏禱之而立其宮書以譏之○煬羊讓反冬十月隕霜殺菽無傳周十月今八月隕霜殺菽非常之災○菽本又作叔

傳元年春王正月辛巳晉魏舒合諸侯之大夫于狄泉將以城成周魏子涖政涖臨也代天子大夫爲政衞彪傒衞大夫曰將建天子立天子之居而易位以令非義也大事奸義必有大咎晉不失諸侯魏子其不免乎是行也魏獻子屬役於韓

簡子及原壽過簡子韓起孫不信也原壽過周大夫○屬之欲反過古禾反而田於大陸焚焉禹貢大陸在鉅鹿北嫌絕遠疑此田在汲郡吳澤荒蕪之地火田并見燒也爾雅廣平曰陸還卒於甯甯今脩武縣近吳澤范獻子去其柏椁以其未復命而田也范獻子代魏子爲政去其柏椁示貶之○去起呂反孟懿子會城成周不書公未即位庚寅栽栽設板築○栽才代反又音再宋仲幾不受功曰滕薛郳吾役也欲使三國代宋受功役也○郳五兮反小邾國薛宰曰宋爲無道絕我小國於周以我適楚故我

常從宋。晉文公爲踐土之盟（在僖二十八年）曰。凡我同盟。各復舊職。若從踐土。若從宋。亦唯命。仲幾曰。踐土固然（固曰從舊。薛舊爲宋役）薛宰曰。薛之皇祖奚仲居薛。以爲夏車正（皇。大也。奚仲爲夏禹掌車服大夫）奚仲遷于邳（邳。下邳縣）仲虺居薛。以爲湯左相（仲虺。奚仲之後）若復舊職。將承王官。何故以役諸侯（承。奉也）仲幾曰。三代各異物。薛焉得有舊（言居周世。不得以夏殷爲舊）爲宋役。亦其職也。士彌牟曰。晉之從政者新（言范獻子新爲政。未習故事）子姑受功。歸。吾視諸故府（求故事）仲幾曰。縱子忘之。山川鬼神其忘諸乎（山川鬼神。盟所告）士伯怒。謂韓簡子曰。薛徵於人（典籍故事。人所知也）宋徵於鬼（取證於鬼神）宋罪大矣。且已無辭。而抑我以神。誣我也。啓寵納侮。其此之謂矣（開寵過分。則納受侵侮）必以仲幾爲戮。乃執仲幾以歸。三月。歸諸京師（知以歸不可。故復歸之京師）城三旬而畢。乃歸諸侯之戍。齊高張後。不從諸侯後期不及諸侯之役晉女叔寬曰周萇弘齊高張皆將不免○叔寬女寬也萇直良反萇叔違天高子違人天既厭周德萇弘欲遷都以延其祚故曰違天諸侯相帥以崇天子而高子後期故曰違人天之所壞不可支也眾之所為不可奸也為哀三年周人殺萇弘六年高張來奔起夏叔孫成子逆公之喪于乾侯成子叔孫婼之子季孫曰子家子亟言於我未嘗不中吾志也吾欲與之從政子必止之且聽命焉衆事皆諮問子家子○亟去聲子家子不見叔孫易幾

而哭（幾哭會也。不欲見叔孫。故朝夕哭不同會）叔孫請見子家子。子家子辭曰。羈未得見而從君以出（出時成子未爲卿。○羈居宜反。子家子名。得見音現。從才用反。下同）君不命而薨。羈不敢見（言未受昭公之命。託辭以距叔孫）叔孫使告之曰。公衍公爲實使羣臣不得事君（二子始謀逐季氏）若公子宋主社稷。則羣臣之願也（宋。昭公弟定公）凡從君出而可以入者。將唯子是聽。子家氏未有後。季孫願與子從政。此皆季孫之願也。使不敢以告不敢。叔孫成子名對曰。若立君。則有卿士大夫與守龜在。羈弗敢知。若從君者。則貌而出者。入可也貌出。謂以義從公。與季氏無實怨。○守手又反寇而出者。行可也與季氏爲寇讎者。自可去若羈也。則君知其出也君。昭公而未知其入也。羈將逃也。喪及壞隤。公子宋先入。從公者皆自壞隤反出奔。○壞音懷。隤音頹。又去聲六月癸亥。公之喪至自乾侯。戊辰。公即位諸侯薨。五日而殯。殯則嗣子即位。癸亥。昭公喪至。五日殯於宮。定公乃即位季孫使役如闞公氏將溝焉闞魯羣公墓所在也季孫惡昭公欲溝絕其兆域不使與先君同○闞口暫反惡去聲又如字榮駕鵝曰生不能事死又離之以自旌也駕鵝魯大夫榮成伯也旌章也○駕音加鵝五何反縱子忍之後必或恥之乃止季孫問於榮駕鵝曰吾欲爲君謚使子孫知之爲惡謚對曰生弗能事死又惡之以自信也將焉用之乃止秋七月癸巳葬昭公於墓道南孔子之爲司寇也溝而合諸墓明臣無貶君之義○惡如字又去聲昭公出

故季平子禱于煬公。九月。立煬宮。平子逐君。懼而請禱於煬公。昭公死於外。自以爲獲福。故立其宮。周鞏簡公弃其子弟。而好用遠人。簡公。周卿士。遠人。異族也。爲明年鞏氏賊簡公張本。○好去聲

經二年春王正月。夏五月壬辰。雉門及兩觀災。無傳。雉門。公宮之南門。兩觀。闕也。天火曰災。○觀古亂反秋楚人伐吳。囊瓦稱人。見誘以敗軍冬十月。新作雉門及兩觀。無傳

傳二年夏四月辛酉。鞏氏之羣子弟賊簡公。傳言弃親用踈。所以敗也桐叛楚。桐。小國。廬江舒縣西南有桐鄉吳子使

舒鳩氏誘楚人（舒鳩楚屬國）曰。以師臨我（教舒鳩誘楚使以師臨吳）我伐桐。爲我使之無忌（吳伐桐也。僞若畏楚師之臨己而爲伐其叛國以取媚者也。欲使楚不忌吳。所謂多方以誤之。爲，于僞反。下同）秋。楚囊瓦伐吳。師于豫章（從舒鳩言）吳人見舟于豫章。（僞將爲楚伐桐。見，賢遍反）而潛師于巢（實欲以擊楚）冬十月。吳軍楚師于豫章。敗之（楚不忌故）遂圍巢。克之。獲楚公子繁（繁。守巢大夫）邾莊公與夷射姑飲酒。私出。（射姑。邾大夫。出。辟酒。射，音亦。一音夜）閽乞肉焉。奪之杖

以敲之奪閽杖以敲閽頭也。爲明年邾子卒傳。○敲苦孝反。又苦學反。又口交反

經三年春。王正月。公如晉。至河乃復。無傳二月。辛卯。邾子穿卒。再同盟夏四月。秋葬邾莊公。六月乃葬。緩冬。仲孫何忌及邾子盟于拔。拔。地闕。○拔皮八反

傳。三年春。二月。辛卯。邾子在門臺臨廷。門上有臺閽以缾水沃廷。邾子望見之。怒。閽曰。夷射姑旋焉。旋。小便命執之。見其不潔。執射姑弗得。滋怒。自投于牀。廢于鑪炭。爛。遂卒。廢。墮也。○鑪力吳反。墮徒火反先葬

以車五乘殉五人欲藏中之絜故先內車及殉別爲便房蓋其遺命○先悉薦反又如字藏才浪反莊公卞急而好潔故及是卞躁疾也秋九月鮮虞人敗晉師于平中平中晉地獲晉觀虎恃其勇也爲五年士鞅圍鮮虞張本冬盟于郯郯即拔也脩郕好也公即位故脩好蔡昭侯爲兩佩與兩裘佩佩玉也以如楚獻一佩一裘於昭王昭王服之以享蔡侯蔡侯亦服其一子常欲之弗與三年止之唐成公如楚有兩肅爽馬子常欲之成公

唐惠侯之後。肅爽駿馬名。肅如字。又所六反。爽音霜。○弗與亦三年止之唐人或相與謀請代先從者許之飲先從者酒醉之竊馬而獻之子常子常歸唐侯自拘於司敗竊馬者自拘。○從才用反。飲於鴆反。曰君以弄馬之故隱君身隱憂約也。弃國家羣臣請相夫人以償馬必如之相助也。夫人謂養馬者。○相息亮反。夫音扶。唐侯曰寡人之過也二三子無辱皆賞之蔡人聞之固請而獻佩于子常子常朝見蔡侯之徒命有司曰蔡君之久也官不共也言楚所以禮遺蔡侯之物不共備故○共音恭明日禮不畢將死遺蔡侯之禮蔡侯歸及漢執玉而沈曰余所有濟漢而南者有若大川自誓言若復渡漢當受禍明如大川○沈音鴆蔡侯如晉以其子元與其大夫之子爲質焉而請伐楚爲明年會召陵張本

經四年春王二月癸巳陳侯吳卒無傳。未同盟而赴以名。癸巳正月七日。書二月從赴三月公會劉子晉侯宋公蔡侯。衛侯。陳子。鄭伯。許男。曹伯。莒子。邾子。頓子。胡子。滕子。薛伯。杞伯。小邾子。齊國夏。于召陵侵楚。於召陵先行會禮。入楚竟。故書侵。夏。四月。庚辰。蔡公孫姓帥師滅沈。以沈子嘉歸。殺之。五月。公及諸侯盟于皐鼬。召陵會劉子諸侯。揔言之也。繁昌縣東南有城皐亭。復稱公者。會盟異處故。○音生鼬由又反（姓）杞伯成卒于會。無傳六月。葬陳惠公。無傳許遷于容城。無傳秋。七月。公至自會無傳劉卷卒。無傳。即劉蚠也。劉子奉命出盟召陵。死則天王爲告同盟。故不具爵

。㊀卷音權。一眷免反。㊀盆扶粉反。葬杞悼公無傳楚人圍蔡不服故也

晉士鞅。衛孔圉。帥師伐鮮虞無傳。孔圉。孔羈孫。士鞅即范鞅

葬劉文公無傳冬。十有一月。庚午。蔡侯以吳子

及楚人戰于柏舉。楚師敗績師能左右之曰以。皆陳曰戰。大崩曰敗績。吳爲蔡討楚。從蔡計謀。故書蔡侯以吳子。言能左右之也。囊瓦稱人。貪以致敗。不能死難。罪賤之。柏舉。楚地。昭三十一年傳曰。六年十二月庚辰。吳其入郢。今以十一月者。并數閏。㊀陳直覲反。楚囊瓦出奔鄭書名。惡之。㊀惡烏路反。庚

辰。吳入郢弗地曰入。吳不稱子。史略文

傳。四年。春。三月。劉文公合諸侯于召陵。謀伐楚也。文公。王官伯也。晉人假王命以討楚之久留蔡侯。故曰文公合諸侯晉荀寅求貨於蔡侯。弗得。言於范獻子曰。國家方危。諸侯方貳。將以襲敵。不亦難乎。水潦方降。疾瘧方起。中山不服。中山。鮮虞。弃盟取怨。無損於楚。晉楚同盟。伐之爲取怨而失中山。不如辭蔡侯。吾自方城以來。楚未可以得志。晉敗楚。侵方城。在襄十六年祗取勤焉。乃辭蔡侯。晉人假羽旄於鄭。鄭人與之析羽爲旌。王者遊車之所建。鄭私有之。因謂之羽旄。借觀之。○（旃）音支明日。或旆以會或賤者也。繼旐曰旆。令賤人施其旆。執以從會。示卑鄭。○（旆）步貝反（令）力呈反晉於是乎失諸侯傳言晉無禮所以遂弱將會衛子行敬子。言於靈公子行敬子衛大夫曰會同難難得宜嘖有煩言。莫之治也嘖至也。煩言忿爭。○（嘖）仕責反。一音責其使祝佗從祝佗。大祝子魚。○（佗）徒何反（從）才用反公曰善。乃使子魚。子魚辭曰。臣展四體。以率舊職。猶懼不給而煩刑書。若又共二共二職。○（共）音恭徵大罪也。且夫祝。社稷之常隸也。隸。賤臣也。社稷不動。祝不出竟。官之制也。社稷動。謂國遷。君以軍行。祓社釁鼓。師出。先有事祓禱於社。謂之宜社。於是殺牲。以血塗鼓鼙。爲釁鼓。○祓音弗。又音廢。祝奉以從。奉社主也。○從如字。又才用反。於是乎出竟。若嘉好之事。謂朝會。○好呼報反。君行師從。二千五百人。卿行旅從。五百人。臣無事焉。公曰。行也。及皐鼬。將盟。將長蔡於衛。欲令蔡先衛歃。○長丁丈反。先悉薦反。下先衛同。衛侯使祝佗私於萇弘曰。聞諸道路。不知信否。若聞蔡將先衛。信乎。萇弘曰。信。蔡叔。康叔之兄也。蔡叔。周公兄。康叔。周公弟。先衛。不亦可乎。子魚曰。以先王觀之。則尚德也。昔武王克商。成王定之。選建明德。以藩屏周。故周公相王室。以尹天下。尹。正也。於周爲睦。睦。親厚也。以盛德見親厚。分魯公以大路大旂。魯公伯禽也。此大路。金路。錫同姓諸侯車也。交龍爲旂。周禮同姓以封。○分扶問反。下竝同。夏后氏之璜。璜。美玉名。封父之繁弱。封父。古諸侯也。繁弱。大弓名。○繁扶元反。殷民六族。條氏。徐氏。蕭氏。索氏。長勺氏尾勺氏使帥其宗氏輯其分族將其類醜醜。衆也。○索素各反勺市灼反輯音集。又音緝以法則周公。用即命于周即。就也。使六族就周。受周公之法制是使之職事于魯共魯公之職事以昭周公之明德昭。顯也分之土田陪敦陪。增也。敦。厚也○陪步回反祝宗卜史大祝。宗人。大卜。大史。凡四官備物典策典策。春秋之制官司彝器官司。百官也。彝器。常用器因商奄之民商奄。國名也。與四國流言。或迸散在魯。皆令即屬魯。懷柔之。○迸彼諍反命以伯禽伯禽。周公世子。時周公唯遣伯禽之國。故皆以付伯禽而封於少皞之虛少皞虛曲阜也。在魯城內。○虛起居反分康叔康叔。衛之祖以大路少帛綪茷旃旌少帛。雜帛也。綪茷。大赤。取染草名也。通帛爲旃。析羽爲旌。○綪七見反。茷步貝反。又音吠大呂鍾名殷民七族陶氏施氏繁氏錡氏樊氏饑氏終葵氏封畛土略自武父以南及圃田之北竟畛。塗所經也。略。界也。武父。衛北界。圃田。鄭藪名。○繁步何反。錡魚綺反。畛之忍反。一音眞。徑音經取於有閻之土以共王職有閻。衛所受朝宿邑。蓋近京畿於相土之東都以會王之東蒐爲湯沐邑。王東巡守。以助祭泰山。○相息亮反聃季授土聃季。周公弟司空。○聃乃甘反陶叔授民陶叔。司徒命以康誥而封於殷虛康誥。周書。殷虛。朝歌也皆啓以商政疆以周索皆。魯衛也。啓。開也。居殷故地。因其風俗。開用其政。疆理土地以周法。索。法也分唐叔以大路密須之鼓密須。國名闕鞏甲名。○鞏九勇反沽洗鐘名。○洗息典反懷姓九宗職官五正懷姓。唐之餘民。九宗。一姓爲九族。職官五正。五官之長。○長丁丈反。下長衛同命以唐誥而封於夏虛唐誥。誥命篇名也。夏虛。大夏。今大原晉陽也啓以夏政亦因夏風俗。開用其政疆以戎索大原近戎而寒不與中國同故自以戎法三者皆叔也而有令德故昭之以分物不然文武成康之伯猶多而不獲是分也唯不尚年也管蔡啓商惎間王室惎毒也周公攝政管叔蔡叔開道紂子祿父以毒亂王室○惎音忌間去聲王於是乎殺管叔而蔡蔡叔周公稱王命以討二叔蔡放也○蔡蔡上素達反下如字以車七乘徒七十人與蔡叔車徒而放之其子蔡仲改行帥德周公舉之以爲己卿士爲周公臣見諸王而命之以蔡命爲蔡侯○見賢遍反

其命書云。王曰。胡無若爾考之違王命也胡蔡仲名若之何其使蔡先衞也。武王之母弟八人。周公爲大宰。康叔爲司寇。聃季爲司空。五叔無官。豈尚年哉五叔。管叔鮮。蔡叔度。成叔武霍叔處。毛叔聃也。○先悉薦反曹文之昭也文王子。與周公異母。○昭上饒反晉武之穆也武王子曹爲伯甸。非尚年也以伯爵居甸服。言小今將尚之。是反先王也。晉文公爲踐土之盟。衞成公不在。夷叔。其母弟也。猶先蔡踐土召陵二會。經書蔡在衛上。霸主以國大小之序也。子魚所言。盟歃之次其載書云。王若曰。晉重文公。直龍反（重）魯申僖公衛武叔武蔡甲午莊侯鄭捷文公齊潘昭公宋王臣成公。（王）如字或作壬。如林反莒期茲丕公也。齊序鄭下。周之宗盟。異姓爲後藏在周府。可覆視也。吾子欲復文武之略略。道也而不正其德。將如之何。萇弘說。告劉子。與范獻子謀之。乃長衛侯於盟。反自召陵。鄭子大叔未至而卒。晉趙簡子爲之臨。甚哀。曰。黃父之會在昭二十五年。（說）音悅（臨）力鴆反夫子語我九言曰無始亂無怙富無恃寵無違同無敖禮無驕能以能驕人。語魚據反 敖五報反無復怒復重也。復扶又反無謀非德非所謀也無犯非義傳言簡子能用善言。所以遂興沈人不會于召陵晉人使蔡伐之。夏蔡滅沈秋楚爲沈故圍蔡伍員爲吳行人以謀楚楚之殺郤宛也在昭二十七年。員音云伯氏之族出郤宛黨伯州犂之孫嚭爲吳大宰以謀楚楚自昭王即位無歲不有吳師蔡侯因之以其子乾與其大夫之子為質於吳。冬，蔡侯、吳子、唐侯伐楚。唐侯不書，兵屬於吳、蔡。○鄬，普鄙反。舍舟于淮汭，吳乘舟從淮來，過蔡而舍之。○舍音赦，又音捨。自豫章與楚夾漢。豫章，漢東江北地名。左司馬戌謂子常曰：「子沿漢而與之上下，沿，緣也。緣漢上下，遮使勿渡。我悉方城外以毀其舟，以方城外人毀吳所舍舟。還塞大隧、直轅、冥阨。三者，漢東之隘道。○冥如字，或作寘。阨，於懈反。子濟漢而伐之，我自後擊之，必大敗之。」既謀而行。武城黑謂子常曰：黑，楚武城大夫。

吴用木也。我用革也。用軍器。不可久也。不如速戰。史皇謂子常。楚人惡子。而好司馬。史皇，楚大夫。司馬，沈尹戌。若司馬毁吴舟于淮。塞城口而入。城口。三隘道之總名。是獨克吴也。子必速戰。不然不免。乃濟漢而陳。自小別至于大別。禹貢，漢水至大別南入江。然則此二別在江夏界。○陳，直覲反。下陳于同。三戰。子常知不可。欲奔。知吴不可勝。史皇曰。安求其事。求知政事。難而逃之。將何所入。子必死之。初罪必盡說。言致死以克吴。可以免貪賄致

寇之罪（難）乃旦反。十一月庚午，二師陳于柏舉。經所以書

戰。二師吳楚師闔廬之弟夫槩王晨請於闔廬曰：楚

瓦不仁，瓦。子常名其臣莫有死志，先伐之，其卒必

奔。而後大師繼之，必克。弗許。夫槩王曰：所謂

臣義而行，不待命者，其此之謂也。今日我死。

楚可入也。以其屬五千先擊子常之卒，子常

之卒奔。楚師亂，吳師大敗之。子常奔鄭。史皇

以其乘廣死以戰死。（乘）繩證反（廣）古曠反吳從楚師，及清

發。清發水名將擊之。夫槩王曰。困獸猶鬭。況人乎。若知不免而致死。必敗我。若使先濟者知免。後者慕之。蔑有鬭心矣。半濟而後可擊也。從之。又敗之。楚人爲食。吳人及之。奔。食而從之。敗諸雍澨。五戰及郢。奔食。食者走不暇。故不在戰數。○澨市制反己卯。楚子取其妹季芈。畀我。以出涉雎。雎水出新城昌魏縣。東南至枝江縣入江。是楚王西走。○芈面爾反。楚姓。季芈畀我。皆平王女也。一云。畀我。季芈之字。雎七餘反。下同鍼尹固與王同舟。王使執燧象以奔吳師燒火燧繫象尾使赴吳師驚却之○鍼之林反庚辰吳入郢以班處宮以尊卑班次處楚王宮室子山處令尹之宮子山吳王子夫槩王欲攻之懼而去之夫槩王入之入令尹宮也言吳無禮所以不能遂克左司馬戌及息而還息汝南新息也聞楚敗故還敗吳師于雍澨傷司馬先敗吳師而身被創○創初良反初司馬臣闔廬故恥爲禽焉司馬嘗在吳爲闔廬臣是以令恥於見禽謂其臣曰誰能免吾首吳句卑曰臣賤可乎司馬曰我實失子可哉

失不知子賢。○句古侯反三戰皆傷。曰吾不可用也已。句卑布裳。剄而裹之司馬已死。剄取其首。○剄古頂反藏其身。而以其首免傳言司馬之忠壯楚子涉雎濟江。入于雲中入雲夢澤中。所謂江南之夢。○夢如字。又音蒙王寢。盜攻之。以戈擊王。王孫由于以背受之中肩。王奔鄖。鍾建負季芊以從。鍾建。楚大夫。○鄖音云。從才用反。一如字由于徐蘇而從以背受戈。故當時悶絶鄖公辛之弟懷將弑王。曰平王殺吾父。我殺其子。不亦可乎辛。蔓成然之子鬭辛也。昭十四年，楚平王殺成然。殺，如字，又申志反，下同。辛曰：君討臣，誰敢讎之？君命，天也。若死天命，將誰讎？詩曰：柔亦不茹，剛亦不吐。不侮矜寡，不畏彊禦。唯仁者能之。詩大雅。言仲山甫不辟彊陵弱。○茹，音汝。矜，古頑反。違彊陵弱，非勇也；乘人之約，非仁也；滅宗廢祀，非孝也；弑君，罪應滅宗。動無令名，非知也。必犯是，余將殺女。鬭辛與其弟巢以王奔隨。吳人從之，謂隨人曰：周之子孫在漢川者，楚實盡之。天誘其衷致罰於楚而君又竄之竄匿也○知音智女音汝周室何罪君若顧報周室施及寡人以獎天衷獎成也○施以豉反君之惠也漢陽之田君實有之楚子在公宮之北隨公宮也吳人在其南子期似王子期昭王兄公子結也逃王而已爲王曰以我與之王必免隨人卜與之不吉乃辭吳曰以隨之辟小而密邇於楚楚實存之世有盟誓至于今未改若難而弃之何以事君執事之患不唯一

人一人。楚王。〇辟音僻。難去聲若鳩楚竟。敢不聽命。吳人乃退。鳩。安集也。〇竟音境鑪金初宦於子期氏。實與隨人要言要言無以楚王與吳。并欲脫子期。〇鑪又作鑢。金名。音慮王使見王喜其意。欲引見之。以比王臣。且欲使盟隨人。〇見音現辭曰。不敢以約爲利此約謂要言也。此一時之事。非爲德舉。故辭不敢見。亦不肯爲盟主。〇約如字。要又於妙反王割子期之心。以與隨人盟。當心前割取血以盟示其至心初。伍員與申包胥友。包胥楚大夫其亡也。謂申包胥曰。我必復楚國。復。報也申包胥曰。勉之。

子能復之，我必能興之。及昭王在隨，申包胥如秦乞師，曰：吳爲封豕長蛇，以荐食上國。荐，數也。言吳貪害如蛇豕。○荐，在薦反。數，音朔。虐始於楚。寡君失守社稷，越在草莽。使下臣告急，曰：夷德無厭，若鄰於君，疆埸之患也。吳有楚，則與秦鄰。○莽，莫蕩反。逮吳之未定，君其取分焉。與吳共分楚地。○取分，扶問反。若楚之遂亡，君之土也。若以君靈撫之，世以事君。撫，存恤也。秦伯使辭焉，曰：寡人聞命矣。子姑就館，將圖而告對曰寡君越在草莽未獲所伏伏猶處也下臣何敢即安立依於庭牆而哭日夜不絕聲勺飲不入口七日秦哀公爲之賦無衣詩秦風取其王于興師脩我戈矛與子同仇與子偕作與子偕行○勺市灼反又音灼爲去聲九頓首而坐無衣三章章三頓首秦師乃出爲明年包胥以秦師至張本

經五年春王三月辛亥朔日有食之無傳夏歸粟于蔡蔡爲楚所圍飢乏故魯歸之粟於越入吳於發聲也六月丙申季孫意如卒秋七月壬子叔孫不敢卒

冬。晉士鞅帥師圍鮮虞無傳

傳。五年。春。王人殺子朝于楚因楚亂也。終閔馬父之言夏歸粟于蔡。以周亟。矜無資亟。急也越入吳。吳在楚也。六月。季平子行東野東野。季氏邑。○行下孟反。下桓子行同還未至。丙申。卒于房。陽虎將以璵璠斂璵璠美玉。君所佩。○璵音餘。璠音煩。又方煩反仲梁懷弗與懷亦季氏家臣曰。改步改玉昭公之出。季孫行君事。佩璵璠祭宗廟。今定公立。復臣位。改君步。則亦當去璵璠。○去起呂反陽虎欲逐之。告公山不狃。不狃曰彼爲君也子何怨焉不狃，季氏臣。費宰子泄也。爲君，不欲使僭。○爲，于僞反。既葬，桓子行東野。桓子意如，子季孫斯。及費，子洩爲費宰，逆勞於郊，桓子敬之。勞仲梁懷，仲梁懷弗敬。懷時從桓子行，輕慢子洩。○勞，力報反，下同。子洩怒，謂陽虎：子行之乎？行，逐懷也。爲下陽虎囚桓子起。申包胥以秦師至，秦子蒲、子虎帥車五百乘以救楚。五百乘，三萬七千五百人。子蒲曰：吾未知吳道。道猶法術。使楚人先與吳人戰，而自稷會之，大敗夫槩王于沂。稷、沂，

(皆楚地)吴人獲薳射於柏舉(薳射。楚大夫。射，食亦反。又食夜反)其子帥奔徒以從子西。敗吴師於軍祥(奔徒。楚散卒。祥。楚地)秋七月。子期子蒲滅唐(從吴伐楚故)九月。夫槩王歸。自立也。以與王戰而敗(自立爲吴王。號夫槩)奔楚。爲堂谿氏(傳終言之)吴師敗楚師于雍澨。秦師又敗吴師。吴師居麇(麇。地名。麇，九倫反)子期將焚之。子西曰。父兄親暴骨焉。不能收。又焚之。不可(前年楚人與吴戰。多死麇中。言不可并焚。暴，步卜反)子期曰。國亡矣。

死者若有知也可以歆舊祀言焚吳復楚則祭祀不廢豈憚焚之焚之而又戰吳師敗又戰于公壻之谿楚地名吳師大敗吳子乃歸因闉輿罷闉輿罷請先遂逃歸輿罷楚大夫請先至吳而逃歸言吳唯得楚一大夫復失之所以不克○闉音因輿音餘又羊汝反罷音皮葉公諸梁之弟后臧從其母於吳不待而歸諸梁司馬沈尹戌之子葉公子高也吳入楚獲后臧之母楚定臧弃母而歸○葉舒涉反從如字又才用反葉公終不正視之不義乙亥陽虎囚季桓子及公父文

伯文伯。季桓子從父昆弟也。陽虎欲爲亂。恐二子不從。故囚之而逐仲梁懷。冬。十月。乙亥。殺公何藐。藐。季氏族。○藐亡角反。又彌小反己丑。盟桓子于稷門之內。魯南城門庚寅。大詛。逐公父歜及秦遄。皆奔齊。歜。即文伯也。秦遄。平子姑壻也。傳言季氏之亂。○詛莊慮反。歜昌欲反。遄市專反楚子入于郢。吳師巳歸初。鬭辛聞吳人之爭宮也。曰。吾聞之。不讓則不和。不和不可以遠征。吳爭於楚。必有亂。有亂則必歸。焉能定楚。王之奔隨也。將涉於成臼。江夏竟陵縣有臼水。出聊屈山。西南入漢。屈其勿反。又君勿反藍尹亹涉其帑亹。楚大夫。亹亡匪反帑音奴不與王舟及寧。王欲殺之寧。安定也子西曰。子常唯思舊怨以敗君。何效焉。王曰。善。使復其所。吾以志前惡惡。過也王賞鬬辛。王孫由于。王孫圉。鍾建。鬬巢。申包胥。王孫賈。宋木。鬬懷九子。皆從王有大功者子西曰。請舍懷也以初謀弒王也。舍音捨。又音赦王曰。大德滅小怨。道也終從其兄。免王大難。是大德申包胥曰。吾爲君也。非爲身也。

君既定矣。又何求。且吾尤子旗。其又爲諸子旗。蔓成然也。以有德於平王。求欲無厭。平王殺之。在昭十四年。○爲君爲身。于僞反遂逃賞。王將嫁季芈。季芈辭曰。所以爲女子。遠丈夫也。鍾建負我矣。以妻鍾建。以爲樂尹。司樂大夫。○遠于萬反妻七計反王之在隨也。子西爲王輿服以保路。國于脾洩。脾洩。楚邑也。失王。恐國人潰散。故僞爲王車服。立國脾洩。以保安道路人。聞王所在。而後從王。王使由于城麇。於麇築城。復命。子西問高厚焉。弗知。子西曰。不

能如辭言自知不能當辭勿行城不知高厚小大何知

對曰固辭不能子使余也人各有能有不能

王遇盜於雲中余受其戈其所猶在袒而示

之背曰此余所能也脾洩之事余亦弗能也

傳言昭王所以復國有賢臣也○袒音但晉士鞅圍鮮虞報觀虎

之役也三年鮮虞獲晉觀虎

經六年春王正月癸亥鄭游速帥師滅許以

許男斯歸游速大叔子二月公侵鄭公至自侵鄭

無傳夏季孫斯仲孫何忌如晉秋晉人執宋行人樂祁犂稱行人言非其罪冬城中城無傳公爲晉侵鄭故懼而城之季孫斯仲孫忌帥師圍鄆無傳何忌不言何闕文鄆貳於齊故圍之

傳六年春鄭滅許因楚敗也二月公侵鄭取匡爲晉討鄭之伐胥靡也胥靡周地也周儋翩因鄭人以作亂鄭爲之伐胥靡故晉使魯討之匡鄭地取匡不書歸之晉○儋丁甘反往不假道於衞及還陽虎使季孟自南門入出自東

門陽虎將逐三桓欲使得罪於鄰國舍於豚澤。衛侯怒。使彌子瑕追之彌子瑕。衛嬖大夫公叔文子老矣文子。公叔發輦而如公。曰。尤人而效之。非禮也昭公之難。君將以文之舒鼎衛文公成之昭兆寶龜定之鞶鑑鞶帶而以鏡爲飾也。今西方羌胡猶然。古之遺服。○鞶步丹反苟可以納之。擇用一焉。公子與二三臣之子。諸侯苟憂之。將以爲之質爲質。求納魯昭公此羣臣之所聞也。今將以小忿蒙舊德蒙。覆也無乃不可乎。大姒之子（大姒文王妃）唯周公康叔爲相睦也而效小人以弃之不亦誣乎天將多陽虎之罪以斃之君姑待之若何乃止（止不伐魯師）夏季桓子如晉獻鄭俘也（獻此春取匡之俘）陽虎强使孟懿子往報夫人之幣（虎欲困辱三桓并求媚於晉故强使正卿報晉夫人之聘）晉人兼享之（賤魯故不復兩設禮明經所以不備書）孟孫立于房外謂范獻子曰陽虎若不能居魯而息肩於晉所不以爲中軍司馬者有如先君（稱先君以

徵其言。若欲使晉必厚待之獻子曰。寡君有官。將使其人擇得其人鞅何知焉。獻子謂簡子曰。魯人患陽虎矣。孟孫知其釁。以為必適晉。故強為之請。以取入焉欲令晉人聞虎當逃走。故強設請託之辭。因此言以入晉。令晉素知之。(釁)許靳反(為)之。于僞反四月。己丑。吳大子終纍敗楚舟師終纍。闔廬子。夫差兄。舟師。水戰。力追反。又力軌反。(夫)音扶(差)初佳反(纍)獲潘子臣。小惟子二子。楚舟師之帥及大夫七人。楚國大惕懼亡。子期又以陵師敗于繁揚陵師。陸軍令尹子西喜曰乃今可爲矣言知懼而後可治於是乎遷郢於鄀而改紀其政以定楚國傳言楚賴子西以安。○鄀音若周儋翩率王子朝之徒因鄭人將作亂于周儋翩子朝餘黨鄭於是乎伐馮滑胥靡負黍狐人闕外鄭伐周六邑。在魯伐鄭取匡前。於此見者，爲戍周起也。陽城縣西南有負黍亭。○見賢遍反。下同六月晉閻沒戍周且城胥靡爲下天王出居姑蕕起秋八月宋樂祁言於景公曰諸侯唯我事晉今使不往晉其憾矣樂祁告其宰陳寅以與公言告之。○使去聲陳寅曰。必使子往。他日。公謂樂祁曰。唯寡人說子之言。子必往。陳寅曰。子立後而行。吾室亦不亡寅知晉政多門。往必有難。故使樂祁立後而行。○說音悅唯君亦以我爲知難而行也。見溷而行溷。樂祁子也。見於君。立以爲後。○溷侯溫反。又侯困反趙簡子逆而飲之酒於緜上。獻楊楯六十於簡子。○楊木名楯食允反。又音允陳寅曰。昔吾主范氏。今子主趙氏。又有納焉。以楊楯賈禍。弗可爲也已知范氏必怨。將得禍

定六年

〇賈音古然子死晉國子孫必得志於宋以其為國死
范獻子言於晉侯曰以君命越疆而使未致
使而私飲酒不敬二君不可不討也乃執樂
祁獻子怒祁比趙氏經所以稱行人陽虎又盟公及三桓於
周社盟國人于亳社詛于五父之衢傳言三桓微陪
臣專政為八年陽虎作亂起冬十二月天王處于姑蕕姑蕕
周地辟儋翩之亂也為明年單劉逆王起
經七年春王正月夏四月秋齊侯鄭伯盟于

鹹衛地齊人執衛行人北宮結以侵衛稱行人，非使人之罪齊侯衛侯盟于沙結叛晉也。陽平元城縣東南有沙亭大雩無傳。過也齊國夏帥師伐我西鄙夏，國佐孫九月大雩無傳。過也冬十月

傳七年春二月周儋翩入于儀栗以叛儀栗，周邑齊人歸鄆陽關陽虎居之以爲政鄆、陽關皆魯邑。中貳於齊。齊令歸之。不書，虎專之。○中，丁仲反夏四月單武公穆公子劉桓公文公子敗尹氏于窮谷尹氏復黨儋翩，共爲亂也秋齊

侯鄭伯盟于鹹。徵會于衛徵。召也衛侯欲叛晉屬齊鄭也諸大夫不可。使北宮結如齊。而私於齊侯曰。執結以侵我欲以齊師懼諸大夫齊侯從之。乃盟于瑣瑣即沙也。爲明年涉佗捘衛侯手起○捘子對反齊國夏伐我齊叛晉故陽虎御季桓子。公斂處父御孟懿子處父孟氏家臣。成宰公斂陽○斂力檢反。又音廉將宵軍齊師。齊師聞之。墮伏而待之墮毀其軍以誘敵。而設伏兵○墮許規反處父曰。虎不圖禍。而必死而。女也○女音汝苫夷曰。虎陷二子於難（莒夷。季氏家臣。二子。季孟。○莒始占反）不待有司。余必殺女。虎懼。乃還。不敗（傳言陪臣强。能自相制。季孟不敢有心）冬。十一月。戊午。單子。劉子。逆王于慶氏（慶氏。守姑蕕大夫）晉籍秦送王。己巳。王入于王城（己巳。十二月五日。有日無月）館于公族黨氏（黨氏。周大夫。○黨音掌）而後朝于莊宮（莊王廟也）

春秋經傳集解定公上第二十七

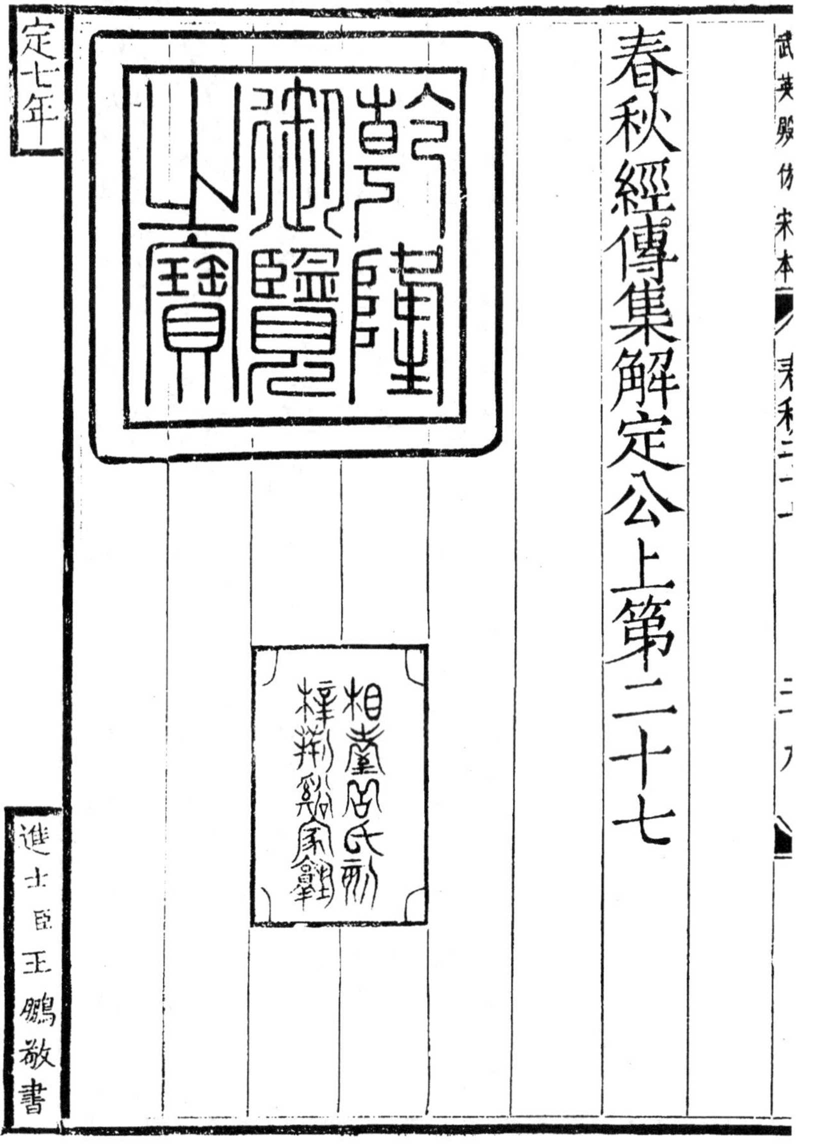

進士臣王鵬敬書

春秋卷二十七考證

定公元年傳榮駕鵝曰。駕原本圈平聲音加本司馬相如子虛賦連駕鵝郭璞註云野鵞也　殿本閣本諸坊本並作駕鴐屬二字義俱可通

四年蔡侯以吴子及楚人戰于柏舉註吴其入郢。諸本俱無其字案史墨原文本有之非原本衍字也

傳不侮矜寡音義矜古頑反。案古頑反乃音鰥義亦同他本作古頂反則成梗字音失之甚遠

鑪金初宦於子期氏。宦　殿本閣本作官

七年冬十月。冬十月三字　殿本閣本脱嘉萬本俱

同

春秋經傳集解定公下第二十八

盡十五年

經八年春王正月。公侵齊報前年伐我西鄙公至自侵齊無傳二月。公侵齊無傳三月。公至自侵齊志未得故曹伯露卒無傳四年盟皋鼬鼬由又反夏。齊國夏帥師伐我西鄙。公會晉師于瓦瓦。衛地。將來救魯。公逆會之。東郡燕縣東北有瓦亭公至自瓦無傳秋七月戊辰。陳侯柳卒無傳。四年盟皋鼬晉士鞅帥師侵鄭。遂侵衛兩事。故曰遂葬曹靖公無傳九月葬陳懷公無傳三月而葬速季孫斯仲孫何忌帥師侵衛冬衛侯鄭伯盟于曲濮無傳結叛晉曲濮衛地從祀先公從順也先公閔公僖公也將正二公之位次所順非一親盡故通言先公盜竊寶玉大弓盜謂陽虎也家臣賤名氏不見故曰盜寶玉夏后氏之璜大弓封父之繁弱○見賢遍反

傳八年春王正月公侵齊門于陽州攻其門士皆坐列言無鬬志曰顏高之弓六鈞顏高魯人三十斤爲鈞六鈞百八十斤古稱重故以爲異強○稱尺證反強其丈反皆取而傳觀之

陽州人出。顔高奪人弱弓。籍丘子鉏擊之。與一人俱斃。子鉏齊人。斃仆也。偃且射子鉏。中頰殪。子鉏死。且如字。射食亦反。顔息射人中眉。顔息魯人。退曰。我無勇。吾志其目也。以自矜。師退。冉猛僞傷足而先。猛魯人。欲先歸。其兄會乃呼曰。猛也殿。會見師退而猛不在列。乃大呼。詐言猛在後爲殿。傳言魯無軍政。呼火故反。殿丁電反。二月己丑。單子伐穀城。劉子伐儀栗。討儋翩之黨。穀城在河南縣西。單音善。辛卯。單子伐簡城。劉子伐盂。以定王室。傳終王室之亂趙鞅言於晉侯曰。諸侯唯宋事晉。好逆其使猶懼不至。今又執之。是絕諸侯也。將歸樂祁。士鞅曰。三年止之。無故而歸之。宋必叛晉。執樂祁在六年○好使皆去聲獻子私謂子梁獻子。范鞅。子梁。樂祁。曰。寡君懼不得事宋君。是以止子。子姑使溷代子。溷。樂祁子。○溷侯溫反。又侯困反。子梁以告陳寅。陳寅曰。宋將叛晉。是棄溷也。不如待之。留待。勿以子自代。樂祁歸。卒于大行。大行。晉東南山。○大音泰。行戶郎反。一音衡。士鞅曰。宋必叛。不如止其尸。以求成焉。乃止諸州。州。晉地。爲明年宋公使樂大心如晉張本公侵齊。攻廩丘之郛。郛。郭也主人焚衝。衝。戰車或濡馬褐以救之。馬褐。馬衣遂毀之。毀郛主人出。師奔。攻郛人少。故遣後師走往助之陽虎僞不見冉猛者。曰。猛在此必敗。陽州之役。猛先歸。言若在此必復敗。○復扶又反猛逐之。顧而無繼。僞顚。逐廩丘人虎曰。盡客氣也。言皆客氣。非勇苫越生子。將待事而名之。苫越。苫夷。○苫式占反陽州之役獲焉。名之曰陽州。欲自

乾隆四十八年

比僑如夏，齊國夏、高張伐我西鄙。報上二侵。晉士鞅、趙鞅、荀寅救我。救不書，齊師已去，未入竟。公會晉師于瓦。范獻子執羔，趙簡子、中行文子皆執鴈，魯於是始尚羔。獻子，士鞅也。簡子，趙鞅也。中行文子，荀寅也。禮，卿執羔，大夫執鴈，魯則同之。今始知執羔之尊也。卿不書，禮不敵公，史略之。○晉師將盟衛侯于鄟澤。自瓦還，就衛地盟。鄟，音專，又市轉反。○趙簡子曰：「羣臣誰敢盟衛君者？」前年衛叛晉屬齊，簡子意欲摧辱之。涉佗、成何曰：「我能盟之。」二子，晉大夫。衛人請執牛耳。盟禮，尊者涖牛耳主次盟者衛侯與晉大夫盟自以當涖牛耳故請成何曰衛吾溫原也焉得視諸侯言衛小可比晉縣不得從諸侯禮將歃涉佗捘衛侯之手及捥捘擠也血至捥○歃所洽反捘子對反捥烏喚反擠子計反衛侯怒王孫賈趨進賈衛大夫曰盟以信禮也信猶明也有如衛君其敢不唯禮是事而受此盟也言晉無禮不欲受其盟衛侯欲叛晉而患諸大夫王孫賈使次于郊大夫問故問不入故公以晉詬語之詬恥也○詬呼豆反語魚據反且曰寡人辱社稷其改

卜嗣寡人從焉使改卜他公子以嗣先君我從大夫所立大夫曰是衛之禍豈君之過也公曰又有患焉謂寡人必以而子與大夫之子爲質爲質於晉大夫曰苟有益也公子則往羣臣之子敢不皆負羈絏以從將行王孫賈曰苟衛國有難工商未嘗不爲患使皆行而後可欲以激怒國人○絏息列反從才用反公以告大夫乃皆將行之行有日有期日公朝國人使賈問焉曰若衛叛晉晉五伐我病

何如矣。皆曰。五伐我。猶可以能戰。賈曰。然則如叛之。病而後質焉。何遲之有。乃叛晉。晉人請改盟。弗許。秋。晉士鞅會成桓公侵鄭。圍蟲牢。報伊闕也。（桓公。周卿士。不書。監帥。不親侵也。六年。鄭伐周闕外。晉爲周報之。[監]古銜反）遂侵衞。（討叛）九月。師侵衞。晉故也。（魯爲晉討衞）季寤（季桓子之弟）公鉏極（公彌曾孫。桓子族子）公山不狃（費宰）皆不得志於季氏。叔孫輒無寵於叔孫氏（輒。叔孫氏之庶子）叔仲志不得志於魯。（志。叔孫帶之孫。皆爲國人所薄故五人因陽虎。陽虎欲去三桓。以季寤更季氏代桓子。(去)起呂反。(更)音庚。舊古孟反。下同以叔孫輒更叔孫氏代武叔己更孟氏陽虎自代懿子冬十月。順祀先公而祈焉將作大事。欲以順祀取媚辛卯。禘于僖公辛卯。十月二日。不於大廟者。順祀之義。當退僖公。懼於僖神。故於僖廟行順祀壬辰將享季氏于蒲圃而殺之。戒都車曰。癸巳至都邑之兵車也。陽虎欲以壬辰夜殺季孫。明日癸巳。以都車攻二家。(圃)布五反成宰公斂處父告孟孫曰。季氏戒都車。何故。孟孫曰。

吾弗聞。處父曰。然則亂也。必及於子。先備諸。與孟孫以壬辰爲期。（處父期以兵救孟氏。壬辰先癸巳一日）陽虎前驅。林楚御桓子。虞人以鈹盾夾之。陽越殿。（越。陽虎從弟。○鈹普皮反。盾食允反。又音允）將如蒲圃。桓子咋謂林楚（咋。暫也。○咋仕詐反）曰。而先皆季氏之良也。爾以是繼之。（欲使林楚免己於難。以繼其先人之良）對曰。臣聞命後。（後猶晚也）陽虎爲政。魯國服焉。違之徵死。死無益於主。桓子曰。何後之有。而能以我適孟氏乎。對曰。不敢愛死。懼不免主。桓子曰。往也。言必往孟氏選圉人之壯者三百人。以爲公期築室於門外。實欲以備難。不欲使人知。故僞築室於門外。因得聚衆。公期。孟氏支子林楚怒馬。及衢而騁。騁。馳也。陽越射之。不中。築者闔門。季孫既得入。乃閉門。射食亦反有自門間射陽越。殺之。陽虎劫公與武叔。武叔。叔孫不敢之子州仇也。以伐孟氏。公斂處父帥成人。自上東門入。魯東城之北門與陽氏戰于南門之內。弗勝。又戰于棘下城內地名陽氏敗陽虎說甲如公宮取寶玉大弓以出舍于五父之衢寢而爲食其徒曰追其將至虎曰魯人聞余出喜於徵死何暇追余徵召也陽虎召季氏於蒲圃將殺之今得脫必喜故言喜於召死○說他活反從者曰嘻速駕公斂陽在嘻懼聲公斂陽請追之孟孫弗許畏陽虎陽欲殺桓子欲因亂討季氏以強孟氏孟孫懼而歸之不敢殺子言辨舍爵於季氏之廟而出子言季寤辨猶周偏也偏告廟飲酒示無懼○辨音遍舍如字陽虎入于

讙陽關以叛。叛不書。略家臣。○讙音歡鄭駟歂嗣子大叔爲政。歂，駟乞子子然也。爲明年殺鄧析張本。○歂市專反

經九年春王正月。夏四月戊申。鄭伯蠆卒。無傳。四年盟皋鼬。得寶玉大弓。弓玉，國之分器。得之足以爲榮，失之足以爲辱，故重而書之。○分扶問反六月，葬鄭獻公。無傳。三月而葬，速。秋，齊侯、衛侯次于五氏。五氏，晉地。不書伐者，諱伐盟主，以次告。秦伯卒。無傳。不書名，未同盟。冬，葬秦哀公。無傳

傳九年春，宋公使樂大心盟于晉，且逆樂祁

之尸。辭僞有疾。乃使向巢如晉盟。且逆子梁之尸。巢。向戍曾孫。（向）舒亮反子明謂桐門右師出子明。樂祁之子溷也。右師。樂大心。子明族父也。右師往到子明舍。子明逐使出門去曰。吾猶衰絰。而子擊鍾。何也忿其不逆父喪。因責其無同族之恩右師曰。喪不在此故也。既而告人曰。己衰絰而生子。余何故舍鍾。己子明也（舍）音捨子明聞之怒。言於公曰。右師將不利戴氏樂氏。戴公族不肯適晉。將作亂也。不然無疾。乃逐桐門右師逐之在明年。終叔孫昭子之言鄭駟歂殺鄧析。而用其竹刑鄧析。鄭大夫。欲改鄭所鑄舊制。不受君命。而私造刑法。書之於竹簡。故言竹刑君子謂子然於是不忠。苟有可以加於國家者。棄其邪可也加猶益也。棄不責其邪惡也靜女之三章。取彤管焉詩邶風也。言靜女三章之詩。雖說美女。義在彤管。彤管。赤管筆。女史記事規誨之所執竿旄何以告之。取其忠也詩鄘風也。錄竿旄詩者。取其中心願告人以善道也。言此二詩。皆以一善見采。而鄧析不以一善存身故用其道。不棄其人。詩云。蔽芾甘棠。勿翦勿伐。召伯所茇詩召南也。召伯決訟於蔽芾小棠之下。詩人思之。不伐其樹。茇草舍也思其人。猶愛其樹。況用其道而不恤其人乎。子然無以勸能矣。傳言子然嗣大叔爲政。鄭所以衰弱夏陽虎歸寶玉大弓。無益近用。而祇爲名。故歸之。祇音支書曰得器用也。凡獲器用曰得。器用者。謂物之成器。可爲人用者也得用焉曰獲。謂用器物以有獲。若麟爲田獲。俘爲戰獲六月。伐陽關。討陽虎也陽虎使焚萊門。陽關邑門師驚。犯之而出。奔齊。請師以伐魯。曰三加必取之。三加兵於魯齊侯將許之。鮑文子諫曰臣嘗爲隸於施氏矣施氏魯大夫文子鮑國也成十七年齊人召而立之至今七十四歲於是文子蓋九十餘矣魯未可取也上下猶和衆庶猶睦能事大國大國晉也而無天菑若之何取之陽虎欲勤齊師也齊師罷大臣必多死亡已於是乎奮其詐謀夫陽虎有寵於季氏而將殺季孫以不利魯國而求容焉求自容罷音皮親富不親仁君焉用之君富於季氏而大於魯國茲陽虎所欲傾覆也魯免

其疾。而君又收之。無乃害乎。齊侯執陽虎。將東之。陽虎願東陽虎欲西奔晉。知齊必反已。故詐以東爲願乃囚諸西鄙。盡借邑人之車。鍥其軸。麻約而歸之鍥。刻也。欲絕追者。○鍥苦結反載葱靈。寢於其中而逃葱靈。輜車名。○葱初江反。或音忽追而得之。囚於齊。又以葱靈逃。奔宋。遂奔晉。適趙氏。仲尼曰。趙氏其世有亂乎受亂人故秋。齊侯伐晉夷儀爲衛討也敝無存之父將室之。辭。以與其弟無存。齊人也。室之爲取婦曰。此役也不死。反必娶於高國。高氏。國氏。齊貴族也。無存欲必有功。還取卿相之女。先登。求自門出。死於霤下。既入城。夷儀人不服。故鬭死於門屋霤下也。東郭書讓登。登城非人所樂。故讓衆使後。而已先登。○樂如字。又五孝反。犂彌從之。曰。子讓而左。我讓而右。使登者絕而後下。恐書先下。故又譎以讓之。下。入城也。書左。彌先下。書從彌言左行。彌遂自先下。亦讓也。書與王猛息。戰訖共止息。猛曰。我先登。書斂甲曰。曩者之難。今又難焉。斂甲起欲擊猛。○曩乃黨反。譎也。難乃旦反。猛笑曰。吾從子。如驂之靳靳。車中馬也。猛不敢與書爭。言已從書。如驂馬之隨靳也。傳言齊師和。所以能克。○靳居覲反晉車千乘在中牟救夷儀也。今滎陽有中牟縣。迴遠。疑非也衛侯將如五氏齊侯在五氏。將往助之卜過之龜焦衛至五氏。道過中牟。畏晉故卜。龜焦。兆不成。不可以行事也衛侯曰可也衛車當其半寡人當其半敵矣衛侯怒晉甚。不復顧卜。欲以身當五百乘乃過中牟中牟人欲伐之衛褚師圃亡在中牟曰衛雖小其君在焉未可勝也齊師克城而驕其帥又賤城。謂夷儀也。帥。謂東郭書。○褚中呂反遇必敗之不如從齊乃伐齊師敗之獲齊車五百乘事見哀十五年十齊侯致禚媚杏於衛三邑皆齊西界以答謝衛意○禚諸若反齊侯賞犂彌犂彌辭曰有先登者臣從之晳幘而衣貍製晳白也幘齒上下相值製裘也○幘音策又音責衣去聲公使視東郭書曰乃夫子也吾貺子貺賜也公賞東郭書辭曰彼賓旅也言彼與我若賓主相讓旅俱進退乃賞犂彌齊師之在夷儀也齊侯謂夷儀人曰得敝無存者以五家免給其五家令常不共役事乃得

其尸。公三襚之襚。衣也。比殯三加襚。深禮厚之與之犀軒與直蓋犀軒。卿車。直蓋。高蓋而先歸之。坐引者以師哭之停喪車以盡哀也。君方爲位而哭。故挽喪者不敢立親推之三齊侯自推喪車。輪三轉。○推如字。又他回反

經十年。春。王三月。及齊平平前八年再侵齊之怨夏。公會齊侯于夾谷平故。○夾古洽反。又古協反公至自夾谷無傳晉趙鞅帥師圍衛。齊人來歸鄆讙龜陰田三邑皆汶陽田也。泰山博縣北有龜山。陰。田在其北也。會夾谷。孔子相。齊人服義而歸魯

乾隆四十八年 [illegible]

叔孫州仇仲孫何忌帥師圍郈田○鄆音運讙火官反

郈叔孫氏邑○郈音后秋叔孫州仇仲孫何忌帥師圍郈宋樂大心出奔曹傳在前年春書名罪其稱疾不適晉宋公子地出奔陳貪弄馬以距君命書名罪之也冬齊侯衛侯鄭游速會于安甫無傳安甫地闕叔孫州仇如齊宋公之弟辰暨仲佗石彄出奔陳暨與也宋公寵向魋不聽辰請辰忿而將大臣出奔虛請自忿稱弟示首惡也仲佗石彄皆為國卿不能匡君靜難而為辰所牽帥出奔稱名亦罪之也○佗徒何反彄苦侯反魋大回反難乃旦反帥音率

定十年

傳十年春及齊平夏公會齊侯于祝其實夾谷（夾谷即祝其也）孔丘相（相會儀也）犂彌言於齊侯曰孔丘知禮而無勇若使萊人以兵劫魯侯必得志焉（萊人齊所滅萊夷也○劫居業反）齊侯從之孔丘以公退曰士兵之（以兵擊萊人）兩君合好而裔夷之俘以兵亂之（裔遠也）非齊君所以命諸侯也裔不謀夏夷不亂華俘不干盟兵不偪好於神為不祥（盟將告神犯之為不善）於德為愆義於人為失禮

君必不然齊侯聞之遽辟之辟去萊兵也○辟婢亦反又音避(去)起呂反將盟齊人加於載書曰齊師出竟而不以甲車三百乘從我者有如此盟如此盟詛之禍孔丘使茲無還揖對無還魯大夫○(還)音旋曰而不反我汶陽之田吾以共命者亦如之須齊歸汶陽田乃當共齊命於是孔子以公退賤者終其事要盟不絜故略不書○(共)音恭(要)一遙反齊侯將享公孔丘謂梁丘據曰齊魯之故吾子何不聞焉故舊典事既成矣成會事而又享之是

勤執事也。且犧象不出門，嘉樂不野合。〔注〕犧象，酒器。犧尊、象尊也。嘉樂，鐘磬也。〔音〕○(犧)許宜反，又息河反。饗而既具，是棄禮也。若其不具，用秕稗也。〔注〕秕，穀不成者。稗，草之似穀者。言享不具禮，穢薄若秕稗。〔音〕○(秕)音鄙。(稗)皮賣反。用秕稗，君辱；棄禮，名惡。子盍圖之。夫享所以昭德也。不昭，不如其已也。乃不果享。〔注〕孔子知齊侯懷詐，故以禮距之。

齊人來歸鄆、讙、龜陰之田。〔注〕陽虎九年以此奔齊。經文倒者，次魯事。

晉趙鞅圍衛，報夷儀也。〔注〕前年齊爲衛伐晉夷儀，故伐衛以爲報。

初，衞侯伐邯鄲

午於寒氏邯鄲廣平縣也。午晉邯鄲大夫。寒氏即五氏也。前年衞人助齊伐五氏。○邯音寒鄲音丹城其西北而守之宵熸。午衆宵散○熸子潛反及晉圍衞午以徒七十人門於衞西門殺人於門中。曰請報寒氏之役衞與午鬭涉佗曰夫子則勇矣然我往必不敢啓門。亦以徒七十人。旦門焉步左右皆至而立如植至其門下步行門左右然後立待如立木不動。以示整。○植如字。一音值日中不啓門乃退反役晉人討衞之叛故曰由涉佗成何

侯手故 於是執涉佗以求成於衛。衛人不許。晉人遂殺涉佗。成何奔燕。君子曰。此之謂弃禮必不鈞。言必見殺。不得與人等 詩曰。人而無禮。胡不遄死。涉佗亦遄矣哉。詩鄘風。遄速也 初。叔孫成子欲立武叔。公若藐固諫曰。不可。藐。叔孫氏之族。(藐)音邈。又亡小反 成子立之而卒。公南使賊射之。不能殺。公南。叔孫家臣。武叔之黨。(射)音石 公南爲馬正。使公若爲郈宰。武叔既定。使郈馬正侯犯殺公若。弗能。其圉人曰武叔之圉人吾以劒過朝公若必曰誰之劒也。吾稱子以告必觀之吾僞固而授之末則可殺也僞爲固陋不知禮者。以劒鋒末授之使如之公若曰爾欲吳王我乎見劒向已。逆呵之。鱄諸殺吳王。亦用劒刺之。○刺七亦反遂殺公若侯犯以郈叛犯以不能副武叔之命故叛。叛而以圍告廟故書圍武叔懿子圍郈弗克秋二子及齊師復圍郈。弗克叔孫謂郈工師駟赤工師掌工匠之官。○復扶又反曰郈非唯叔孫氏之憂社稷之患也將若之何對曰臣之業在揚水卒章之四言矣揚水詩唐風卒章四言曰我聞有命叔孫稽首謝其受已命駟赤謂侯犯曰居齊魯之際而無事必不可矣無所服事子盍求事於齊以臨民不然將叛侯犯從之齊使至駟赤與郈人爲之宣言於郈中詐爲齊使言也曰侯犯將以郈易于齊齊人將遷郈民謂易其民人衆兇懼不欲遷。兇音凶又上聲駟赤謂侯犯曰衆言異矣不與始向子不如易於齊與其死也猶是郈也而得紓焉何必此言以郈民易取齊人與郈無異勝於守郈爲叛人所殺齊人欲以此偪魯必倍與子地言非徒得民又將得齊地且盍多舍甲於子之門以備不虞侯犯曰諾乃多舍甲焉侯犯請易於齊齊有司觀郈將至駟赤使周走呼曰齊師至矣郈人大駭介侯犯之門甲以圍侯犯駟赤將射之僞爲侯犯射郈人○呼火故反侯犯止之曰謀免我侯犯請行許之郈人許之駟赤先如宿宿東平無鹽縣故宿國侯犯殿每出

一門郈人閉之閉其後門殿丁見反。及郭門止之曰子以叔孫氏之甲出有司若誅之誅責也羣臣懼死駟赤曰叔孫氏之甲有物吾未敢以出物識也赤還救侯犯也○識申志反又如字犯謂駟赤曰子止而與之數。數甲以相付數色主反駟赤止而納魯人侯犯奔齊。齊人乃致郈致其名簿也爲下武叔如齊傳宋公子地嬖蘧富獵地宋景公弟辰之兄也○蘧其居反十一分其室而以其五與之與富獵也公子地有白馬四公嬖向魋。魋欲之向魋司馬桓魋也公取而朱其尾鬣以與之與魋也地怒。使其徒抶魋而奪之。魋懼將走。公閉門而泣之。目盡腫。母弟辰曰。子分室以與獵也。而獨卑魋。亦有頗焉。子爲君禮禮辟君也○抶勑乙反頗普多反不過出竟。君必止子。公子地出奔陳。公弗止。辰爲之請。弗聽。辰曰。是我迋吾兄也。迋。欺也。○迋求往反。又古況反吾以國人出。君誰與處。冬。母弟辰暨仲佗石彄出奔陳佗。仲幾子。彄。褚師段子。皆宋卿。衆之所望。故言國人武叔聘于齊謝致郈也。經書辰奔在聘後者。從告齊侯享之。曰子叔孫若使郈在君之他竟寡人何知焉。屬與敝邑際故敢助君憂之以致郈德叔孫○屬音燭對曰非寡君之望也所以事君封疆社稷是以以猶爲也敢以家隸勤君之執事夫不令之臣天下之所惡也君豈以爲寡君賜言義在討惡非所以賜寡君

經十有一年春宋公之弟辰及仲佗石彄公

子地。自陳入于蕭以叛。蕭。宋邑。稱弟例在前年。夏四月。

秋。宋樂大心自曹入于蕭。入蕭從叛人。叛可知。故不書叛。冬。

及鄭平。平六年侵鄭取匡之怨。叔還如鄭涖盟。還。叔詣曾孫。○

還還音旋。案世族譜。叔還是叔弓曾孫。此誤。

傳十一年。春。宋公母弟辰暨仲佗石彄公子

地。入于蕭以叛。秋。樂大心從之。大爲宋患。寵

向魋故也。惡宋公寵不義。以致國患。冬。及鄭平。始叛晉也。

魯自僖公以來。世服於晉。至今而叛。故曰始。

經十有二年春，薛伯定卒。無傳。四年盟皐鼬。夏，葬薛襄公。無傳。叔孫州仇帥師墮郈。墮，毀也。患其險固，故毀壞其城。○墮，許規反。壞，音怪，又戶怪反。衛公孟彄帥師伐曹。彄，孟縶子。○彄，苦侯反。縶，陟立反。季孫斯、仲孫何忌帥師墮費。秋，大雩。無傳。書過。冬十月癸亥，公會齊侯盟于黃。無傳。結叛晉。十有一月丙寅朔，日有食之。無傳。公至自黃。無傳。十有二月，公圍成。公至自圍成。無傳。國內而書至者，成彊若列國，興動大衆，故出入皆告廟。

傳。十二年。夏衞公孟彄伐曹。克郊。郊。曹邑 還。滑羅殿 羅。衞大夫。滑于八反 未出。不退於列。未出曹竟。羅不退在行列之後 其御曰。殿而在列。其爲無勇乎。羅曰。與其素厲。寧爲無勇。素。空也。厲。猛也。言伐小國。當如畏者。以誘致之 仲由爲季氏宰。仲由。子路 將墮三都。三都。費。郈。成也。彊盛將爲國害。故仲由欲毀之 於是叔孫氏墮郈。季氏將墮費。公山不狃。叔孫輒帥費人以襲魯。不狃。費宰也。輒不得志於叔孫氏 公與三子入于季氏之宮。登武子之臺。費人攻之弗克入及公側至臺下仲尼命申句須樂頎下伐之二子魯大夫仲尼時爲司寇○句音劬頎音祈費人北國人追之敗諸姑蔑二子奔齊二子不狃叔孫輒遂墮費將墮成公斂處父謂孟孫墮成齊人必至于北門成在魯北竟故且成孟氏之保障也無成是無孟氏也子僞不知佯不知我將不墮冬十二月公圍成弗克

經十有三年春齊侯衛侯次于垂葭二君將使師伐

定十三年

胥。次垂葭以爲之援 夏築蛇淵囿 無傳。書不時也 大蒐于比蒲

無傳。夏蒐非時。○比音毗 衛公孟彄帥師伐曹 無傳 秋晉趙

鞅入于晉陽以叛 書叛。惡可知 冬晉荀寅士吉射

入于朝歌以叛 吉射。士鞅子 晉趙鞅歸于晉 韓魏請而

復之。故曰歸。言韓魏之彊猶列國 薛弒其君比 無傳。稱君。君無道

傳十三年春齊侯衛侯次于垂葭實郥氏 垂葭

改名郥氏。高平鉅野縣西南有郥亭。○郥古闃反 使師伐晉將濟河

諸大夫皆曰不可邴意茲曰可 ○意茲。齊大夫 ○邴彼命反

銳師伐河內今河內汲郡傳必數日而後及絳傳告晉。傳，張戀反，又直專反。數，所主反。絳不三月不能出河則我旣濟水矣乃伐河內齊侯皆斂諸大夫之軒。唯邴意茲乘軒以其言當。當，丁浪反。齊侯欲與衛侯乘共載。乘，繩證反，下同。與之宴而駕乘廣載甲焉使告曰晉師至矣齊侯曰比君之駕也寡人請攝以已車攝代衛車。廣，古曠反。乃介而與之乘驅之或告曰無晉師乃止傳言齊侯輕所以不能成功。輕，遣政反。晉趙鞅謂邯鄲午曰歸我衛貢五百家。吾舍諸晉陽。午許諾十年趙鞅圍衛。衛人懼。貢五百家。鞅置之邯鄲。今欲徙著晉陽。晉陽。趙鞅邑歸告其父兄。父兄皆曰不可。衛是以爲邯鄲言衛以五百家在邯鄲。常爲是故。與邯鄲親。○爲于僞反而寘諸晉陽。絕衛之道也。不如侵齊而謀之使齊則齊當來報。欲因懼齊而從。則衛與邯鄲好不絕乃如之。而歸之于晉陽欲如是謀而後歸衛貢趙孟怒。召午而囚諸晉陽趙鞅不察其謀。謂午不用命。故囚之使其從者說劍而入。涉賓不可涉賓。午家臣。不肯說劒入。欲謀叛。乃使告邯鄲人曰。從才用反說他活反。下同吾私有討於午也。二三子唯所欲立。午。趙鞅同族。別封邯鄲。故使邯鄲人更立午宗親遂殺午。趙稷涉賓以邯鄲叛。稷。趙午子夏。六月。上軍司馬籍秦圍邯鄲。邯鄲午。荀寅之甥也。荀寅范吉射之姻也。壻父曰姻。荀寅子。娶吉射女而相與睦。故不與圍邯鄲。將作亂。作亂攻趙鞅董安于聞之。安于。趙氏臣告趙孟曰。先備諸。趙孟曰。晉國有命。始禍者死。爲後可也。安于曰與其害於民。寧我獨死懼見攻。必傷害民請以我說。趙孟不可晉國若討。可殺我以自解說秋。七月。范氏中行氏伐趙氏之宮。趙鞅奔晉陽。晉人圍之。范皐夷無寵於范吉射。而欲爲亂於范氏皐夷。范氏側室子梁嬰父嬖於知文子文子。荀躒。○(知)音智文子欲以爲卿。韓簡子與中行文子相惡簡子。韓起孫不信也。中行文子。荀寅也。○(惡)如字。又烏路反。下同魏襄子亦與范昭子相惡襄子。魏舒孫曼多也。昭子。士吉射故五子謀五子。范皐夷。梁嬰父知文子。韓簡子。魏襄子將逐荀寅。而以梁嬰父代之。逐范吉射。而以范皐夷代之。荀躒言於晉侯曰。君命大臣。始禍者死。載書在河。為盟書沈之河。○躒力狄反。又如字今三臣始禍。而獨逐鞅。刑已不鈞矣。請皆逐之。冬。十一月。荀躒韓不信魏曼多奉公以伐范氏中行氏。弗克。二子將伐公。齊高彊曰。三折肱知爲良醫。高彊。齊子尾之子。昭十年奔魯。遂適晉。○三如字。又息暫反折之設反唯伐君爲不可。民弗與也。我以伐君在此矣。三家未睦韓魏三家。知可盡克也。克之。君將誰與。若先伐君。是使睦也。弗聽。遂伐公。國人助公。二子敗。從而伐之。丁未。荀寅士吉射奔朝歌。韓魏以趙氏爲請經所以書趙鞅歸十二月辛未。趙鞅入于絳。盟于公宮傳録晉初衰亂。衛公叔文子朝。而請享靈公欲令公臨其家退見史鰌而告之。史鰌史魚○鰌音秋史鰌曰。子必禍矣。子富而君貪。罪其及子乎。文子曰。然。吾不先告子。

是吾罪也。君既許我矣。其若之何。史鰌曰。無害。子臣。可以免。言能執臣禮富而能臣。必免於難。上下同之。言尊卑皆然。難乃旦反。下同。戍也驕。其亡乎。戍文子之子富而不驕者鮮。吾唯子之見。驕而不亡者。未之有也。戍必與焉。與禍難。與音預及文子卒。衛侯始惡於公叔戍。以其富也。公叔戍又將去夫人之黨。靈公夫人南子黨。宋朝之徒。去起呂反。朝如字夫人愬之曰。戍將爲亂。爲明年戍來奔傳經十有四年春，衛公叔戍來奔。衛趙陽出奔宋。趙陽，趙黶孫。書名者，親富不親仁。○黶，於減反。二月辛巳，楚公子結、陳公孫佗人帥師滅頓，以頓子牂歸。夏，衛北宮結來奔。亦黨公叔戍，皆惡之。○佗，吐何反。牂，子郎反。惡，去聲，後同。五月，於越敗吳于檇李。於越，越國也。使罪人詐吳亂陳，故從未陳之例，書敗也。檇李，吳郡嘉興縣南醉李城。○檇音醉。陳，直覲反。吳子光卒。未同盟而赴以名。公會齊侯、衛侯于牽。魏郡黎陽縣東北有牽城。公至自會。無傳。秋，齊侯、宋公會于洮。洮，曹也。天王使石尚來歸脤無傳。石尚。天子之士。石氏。尚名。脤祭社之肉。盛以脤器。以賜同姓。諸侯。親兄弟之國。與之共福。（脤）市軫反衛世子蒯聵出奔宋。（蒯）苦怪反（聵）五怪反衛公孟彄出奔鄭彄書名。與蒯聵黨。罪之宋公之弟辰自蕭來奔無傳。稱宋公之弟。例在十年大蒐于比蒲。邾子來會公無傳。會公于比蒲。來而不用朝禮。故曰會。（比）音毗城莒父及霄無傳。公叛晉助范氏。故懼而城二邑也。此年無冬。史闕文

傳十四年。春。衛侯逐公叔戌與其黨。故趙陽奔宋。戌來奔終史魚之言梁嬰父惡董安于。謂知

文子曰。不殺安于。使終爲政於趙氏。趙氏必得晉國。盍以其先發難也。討於趙氏。文子使告於趙孟曰。范中行氏雖信爲亂。安于則發之。是安于與謀亂也。晉國有命。始禍者死。二子既伏其罪矣。敢以告告使討安于。○知難與竝去聲趙孟患之。安于曰。我死而晉國寧。趙氏定。將焉用生。人誰不死。吾死莫矣。乃縊而死。趙孟尸諸市。而告於知氏曰。主命戮罪人安于。既伏其罪矣敢以告。知伯從趙孟盟。知伯。荀躒（莫）音暮而後趙氏定。祀安于於廟趙氏廟頓子牂欲事晉背楚而絕陳好。二月。楚滅頓傳言小不事大。所以亡夏。衛北宮結來奔。公叔戌之故也。吳伐越報五年越入吳越子勾踐禦之。陳于檇李勾踐。越王允常子勾踐患吳之整也。使死士再禽焉。不動使敢死之士往。輒爲吳所禽。欲使吳師亂取之。而吳不動使罪人三行。屬劍於頸以劍注頸。（行）音杭。下同（屬）之欲反。又之住反而辭曰。二君有治治軍旅臣奸旗鼓犯軍令不敏於君之行前不敢逃刑敢歸死遂自剄也師屬之目越子因而伐之大敗之靈姑浮以戈擊闔廬闔廬傷將指取其一屨姑浮越大夫闔廬傷將指其足大指見斬遂失屨姑浮取之○剄古頂反將子匠反還卒於陘去檇李七里釋經所以不書滅夫差使人立於庭夫差闔廬嗣子苟出入必謂己曰夫差而忘越王之殺而父乎則對曰唯不敢忘三年乃報越後三年哀元年

晉人圍朝歌公會齊侯衛侯于脾

上梁之閒郫上梁閒。即牽謀救范中行氏齊魯叛晉。故助范中行也析成鮒小王桃甲率狄師以襲晉二子。晉大夫。范中行氏之黨。○桃如字。又作姚戰于絳中。不克而還。士鮒奔周。小王桃甲入于朝歌。秋。齊侯宋公會于洮。范氏故也謀救范氏衞侯爲夫人南子召宋朝南子。宋女也。朝。宋公子。舊通于南子。在宋。呼之。○爲去聲會于洮。大子蒯聵獻盂于齊。過宋野蒯聵。衞靈公大子。盂。邑名也。就會獻之。故自衞行而過宋野。○盂音于野人歌之曰。既定爾婁豬。盍歸吾艾豭［婁豬求子豬以喻南子艾豭喻宋朝艾老也○豭音加牡豕也］大子羞之謂戲陽速曰從我而朝少君［速大子家臣○戲許宜反○少詩照反亦作小］少君見我我顧乃殺之速曰諾乃朝夫人夫人見大子大子三顧速不進夫人見其色啼而走［見大子色變知其欲殺己］曰蒯聵將殺余公執其手以登臺大子奔宋盡逐其黨故公孟彄出奔鄭自鄭奔齊大子告人曰戲陽速禍余戲陽速告人曰大子則禍余大子無道

使余殺其母。余不許。將戕於余。戕，殘殺也。若殺夫人，將以余說。余是故許而弗爲，以紓余死。諺曰：民保於信。吾以信義也。使義可信，不必信言。○紓音舒。冬十二月，晉人敗范、中行氏之師於潞，獲籍秦、高彊。二子，黨范氏者。終景王言籍父無後。又敗鄭師及范氏之師于百泉。鄭助范氏，故并敗。

經。十有五年春王正月，邾子來朝。鼷鼠食郊牛，牛死，改卜牛。無傳。不言所食處，舉死重也。改卜，禮也。○鼷音兮。二月辛丑楚子滅胡以胡子豹歸夏五月辛亥郊無傳書過壬申公薨于高寢高寢宮名不於路寢失其所鄭罕達帥師伐宋齊侯衛侯次于渠蒢不果救故書次○蒢直居反邾子來奔喪無傳諸侯奔喪非禮秋七月壬申姒氏卒定公夫人八月庚辰朔日有食之無傳九月滕子來會葬無傳諸侯會葬非禮也丁巳葬我君定公雨不克葬戊午日下昃乃克葬辛巳葬定姒辛巳十月三日有日無月冬城漆邾庶其邑

傳。十五年。春。邾隱公來朝。邾子益子貢觀焉。邾子執玉高。其容仰。公受玉卑。其容俯。玉朝者之贄子貢曰。以禮觀之。二君者皆有死亡焉。夫禮。死生存亡之體也。將左右周旋。進退俯仰。於是乎取之。朝祀喪戎。於是乎觀之。今正月相朝。而皆不度。不合法度心已亡矣。嘉事不體。何以能久。嘉事朝禮高仰。驕也。卑俯。替也。驕近亂。替近疾。君爲主。其先亡乎。爲此年公薨。哀七年以邾子益歸傳。○替他計反吳之入楚也在四年胡子盡俘楚邑之近胡者俘取也楚既定胡子豹又不事楚曰存亡有命事楚何爲多取費焉二月楚滅胡傳言小不事大所以亡○費芳味反夏五月壬申公薨仲尼曰賜不幸言而中是使賜多言者也以微知著知之難者子貢言語之士令言而中仲尼懼其易言故抑之○中丁仲反鄭罕達敗宋師于老丘罕達子齹之子老丘宋地宋公子地奔鄭鄭人爲之伐宋欲取地以處之事見哀十二年○齹才何反齊侯衛侯次于蘧挐謀救宋也○挐

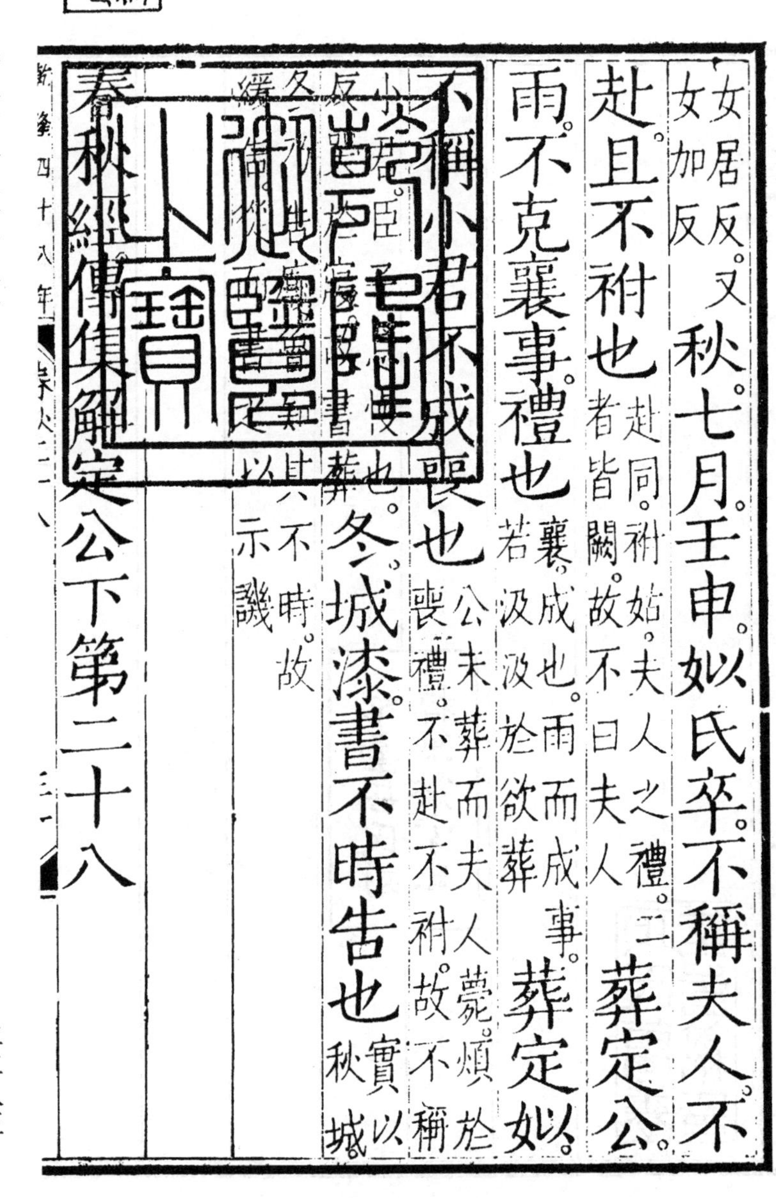

女居反。又女加反秋。七月。壬申。姒氏卒。不稱夫人。不赴。且不祔也。赴同。祔姑。夫人之禮。二者皆闕。故不曰夫人葬定公。雨。不克襄事。禮也。襄。成也。雨而成事。若汲汲於欲葬葬定姒。不稱小君。不成喪也。公未葬而夫人薨。煩於喪禮。不赴不祔。故不稱小君。臣子[illegible]慢也。反[illegible]書葬冬。城漆。書不時告也。實以秋城冬[illegible]其不時。故[illegible]以示譏

春秋經傳集解定公下第二十八

定十五年

相臺岳氏刻梓荆谿家塾

舉人臣金應璸敬書

春秋卷二十八考證

十年傳齊魯之故吾子何不聞焉○吾子孔子稱梁邱據也閣本作君子非

殿

且犧象不出門音義犧許宜反又息河反○息河反是也閣本作息倚非案犧有兩音一音羲者許宜反是也說文宗廟之牲一音娑者息河反是也鄭司農衆說酒尊名飾以翡翠今犧象俱是尊名當音娑故云又息河反若作息倚則爲細字恐倚乃何字之譌也

十一年宋公之弟辰及仲佗石彄公子地自陳入于蕭以叛註稱弟例在前年○案去冬辰出奔陳註云稱

弟示首惡也茲不重敘故云例在前年　殿本閣本
弟作地夫地豈得云首惡若云公子地之地則又不
當專舉一人矣
十三年秋晉趙鞅入于晉陽以叛○閣本無秋字以傳
考之不可闕也
傳次于垂葭實郥氏○案郥古覓切説文从狊从邑郥
亭今屬山東濟寧州他本或作郥或作郥或作鄍俱
非
吾舍諸晉陽註今欲徙著晉陽○案吳越春秋從陰收
著望陽出糶註著置也前漢食貨志墨子之著面訓

附也即此著字義　殿本閣本徒著作徙置則音義中著丁略反無所屬

十四年傳公會齊侯衛侯于郫上梁之閒註郫上梁閒即牽○殿本閣本作郫梁閒非案路史曰魏之內黄西南三十里有故牽城即郫上梁閒郫梁非兩地名故上字不可少

十五年傳葬定公雨不克襄事禮也註雨而成事若汲汲于欲葬○案註因傳以雨不襄事爲禮故申言雨而成事則似急于欲葬　殿本閣本而字作不字于文義恐背

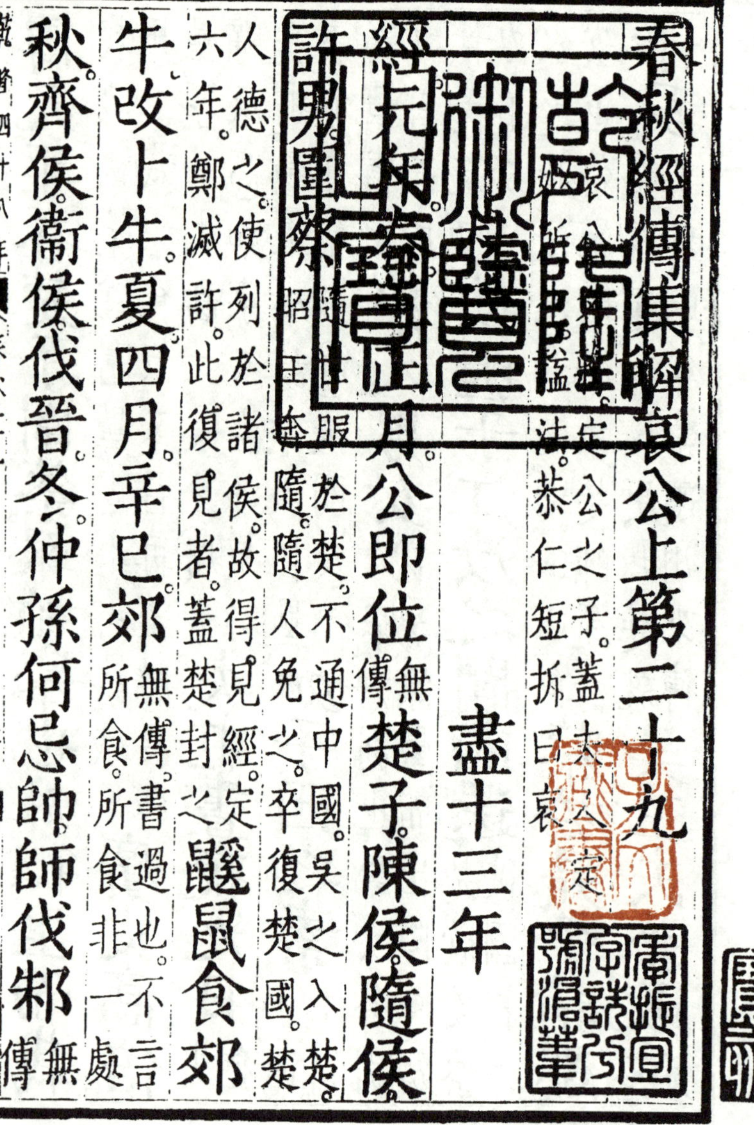

春秋經傳集解哀公上第二十九

哀公名蔣。定公之子。蓋夫人定姒所生。謚法。恭仁短折曰哀。

盡十三年

經元年春王正月。公即位。無傳楚子陳侯隨侯許男圍蔡。隨世服於楚。不通中國。吳之入楚。昭王奔隨。隨人免之。卒復楚國。楚人德之。使列於諸侯。故得見經。定六年。鄭滅許。此復見者。蓋楚封之。鼷鼠食郊牛。改卜牛。夏四月辛巳。郊。無傳。書過也。不言所食。所食非一處。秋。齊侯衛侯伐晉。冬。仲孫何忌帥師伐邾。無傳

哀元年

傳元年。春楚子圍蔡。報柏舉也。在定四年。里而栽。栽。設板築爲圍壘。周而去蔡城一里。○栽才代反。又音再。築牆長版。廣丈高倍。壘厚一丈。高二丈。○廣古曠反。高如字。又古報反。夫屯晝夜九日。夫猶兵也。壘未成。故令人在壘裏屯守蔡。○屯徒門反。如子西之素。子西本計。爲壘當用九日而成。蔡人男女以辨。辨。別也。男女各別係纍而出降。○辨扶免反。纍力追反。使疆于江汝之閒而還。楚欲使蔡徙國在江水之北。汝水之南。求田以自安也。蔡權聽命。故楚師還。蔡於是乎請遷于吳。楚既還。蔡人更叛楚就吳。爲明年蔡遷州來傳。吳王夫差敗越于夫椒。報檇李也檇李在定十四年。夫椒，吳郡吳縣西南大湖中椒山。夫音扶檇音醉遂入越。越子以甲楯五千保于會稽。上會稽山也。在會稽山陰縣南楯食允反。又音允會古外反使大夫種因吳大宰嚭以行成。吳子將許之。伍員曰不可。臣聞之。樹德莫如滋。去疾莫如盡。昔有過澆殺斟灌以伐斟鄩澆寒浞子。封於過者。二斟。夏同姓諸侯。襄四年傳曰，澆用師滅斟灌。嚭普鄙反員音云去起呂反過古禾反澆五叫反。一五報反灌古亂反鄩音尋浞仕捉反滅夏后相夏后相。啓孫也。后相失國。依於二斟。復爲澆所滅。㊟相息亮反后緡方娠。逃出自竇。后緡，相妻。娠，懷身也。○㊟娠音震。又音身歸于有仍。后緡，有仍氏女。生少康焉。為仍牧正。牧官之長。惎澆能戒之。惎，毒也。戒，備也。○㊟惎音忌澆使椒求之。椒，澆臣。逃奔有虞。為之庖正。以除其害。虞舜後諸侯也。梁國有虞縣。庖正，掌膳羞之官。賴此以得除己害。虞思於是妻之以二姚。思，有虞君也。虞思自以二女妻少康。姚，虞姓。○㊟妻七計反而邑諸綸。綸，虞邑。有田一成。有衆一旅。方十里為成。五百人為旅。能布其德。而兆其謀。兆，始。以收夏衆。撫其官職。襄四年傳曰。靡自有鬲氏。收二國之燼。以滅浞而立少康。○鬲音革使女艾諜澆女艾。少康臣。諜。候也。○女如字。又音汝使季杼誘豷豷。澆弟也。季杼。少康子后杼也。○杼直呂反豷許器反遂滅過戈復禹之績過。澆國。戈。豷國。○過戈並古禾反祀夏配天不失舊物物。事也今吳不如過而越大於少康或將豐之不亦難乎言與越成。是使越豐大必爲吳難。○難乃旦反句踐能親而務施施不失人所加惠賜。皆得其人○施始豉反。下同親不棄勞推親愛之誠。則不遺小勞與我同壤而世爲仇讎於是乎克而弗取將又存之違天而長寇讎猶言天與不取後雖悔之不可食已食消也已止也姬之衰也日可俟也姬吳姓言可計月而待介在蠻夷而長寇讎以是求伯必不行矣弗聽退而告人曰越十年生聚而十年教訓生民聚財富而後敎之○伯如字又音霸二十年之外吳其爲沼乎謂吳宮室廢壞當爲汙池爲二十二年越入吳起本三月越及吳平吳入越不書吳不告慶越不告敗也嫌夷狄不與華同故復發傳夏四月齊侯衛侯救邯鄲

圜五鹿趙稷以邯鄲叛。范中行氏之黨也。五鹿。晉邑。○邯音寒鄲音丹吳之入楚也在定四年使召陳懷公懷公朝國人而問焉曰。欲與楚者右。欲與吳者左。陳人從田。無田從黨都邑之人無田者。隨黨而立。不知所與。故直從所居。田在西者居右。在東者居左逢滑當公而進當公。不左不右曰。臣聞國之興也以福。其亡也以禍。今吳未有福。楚未有禍。楚未可弃。吳未可從。而晉盟主也。若以晉辭吳若何。公曰。國勝君亡。非禍而何楚爲吳所勝對曰國之有是多矣何必不復小國猶復況大國乎臣聞國之興也視民如傷是其福也如傷恐驚動其亡也以民爲土芥是其禍也芥草也楚雖無德亦不艾殺其民吳日敝於兵暴骨如莽草之生於廣野莽莽然故曰草莽○艾魚廢反暴步卜反而未見德焉天其或者正訓楚也使懼而改過禍之適吳其何日之有言今至陳侯從之及夫差克越乃脩先君之怨秋八月吳侵陳脩舊怨也傳言吳不脩德而脩

怨。所以亡齊侯衛侯會于乾侯救范氏也師及齊師衛孔圉鮮虞人伐晉取棘蒲魯師不書。非公命也。孔圉孔烝鉏曾孫。鮮虞狄。帥賤。故不書吳師在陳楚大夫皆懼曰闔廬惟能用其民以敗我於柏舉今聞其嗣又甚焉將若之何子西曰二三子恤不相睦無患吳矣昔闔廬食不二味居不重席室不崇壇平地作室。不起壇也。○重平聲器不彤鏤彤丹也。鏤刻也宮室不觀觀臺榭。○觀古亂反舟車不飾衣服財用擇不取費選取堅厚。不尚細靡。○費，芳味反在國天有菑癘癘，疾疫也親巡孤寡而共其乏困在軍熟食者分而後敢食必須軍士皆分熟食，不敢先食。分猶偏也。○共音恭其所嘗者卒乘與焉所嘗甘珍，非常食勤恤其民而與之勞逸是以民不罷勞死知不曠知身死不見曠弃。○罷音皮吾先大夫子常易之所以敗我也易猶反也今聞夫差次有臺榭陂池焉積土爲高曰臺，有木曰榭。過再宿曰次宿有妃嬙嬪御焉妃嬙，貴者。嬪御，賤者。皆內官一日之行所欲必成。玩好必從。珍異是聚。觀樂是務。視民如讎。而用之日新。夫先自敗也已。安能敗我爲二十二年越滅吳起本冬。十月。晉趙鞅伐朝歌討范中行氏

經。二年。春。王二月。季孫斯。叔孫州仇。仲孫何忌帥師伐邾。取漷東田及沂西田邾人以賂取之易也○漷火虢反。又音郭沂魚依反癸巳。叔孫州仇。仲孫何忌及邾子盟于句繹句繹。邾地。取邑盟以要之。○句音勾夏四月。丙子。衛侯元卒定四年盟皐鼬滕子來朝無傳晉趙鞅帥

師納衛世子蒯聵于戚。秋，八月，甲戌，晉趙鞅帥師及鄭罕達帥師戰于鐵，鄭師敗績。皆陳曰戰，大崩曰敗績。鐵在戚城南。罕達，子皮孫。冬，十月，葬衛靈公。無傳。七月而葬，緩。十有一月，蔡遷于州來。畏楚而請遷，故以自遷爲文。蔡殺其大夫公子駟。懷土而欺大國，故罪而書名。

傳二年，春，伐邾，將伐絞。絞，邾邑。邾人愛其土，故賂以漷沂之田而受盟。初，衛侯遊于郊，子南僕。子南，靈公子郢也。僕，御也。公曰：「余無子，將立女。」蒯聵奔，無大子。

○（女）音汝不對。他日又謂之。對曰。郢不足以辱社稷。君其改圖。君夫人在堂。三揖在下。三揖。卿大夫士君命祇辱。言立適當以禮。與外內同之。今君私命。事必不從。適爲辱。○（祇）音支立。（適）音的夏。衛靈公卒。夫人曰。命公子郢爲大子。君命也。對曰。郢異於他子。言用意不同且君沒於吾手。若有之。郢必聞之。言當以臨沒爲正且亡人之子輒在。輒。蒯聵之子出公也。靈公適孫乃立輒。六月乙酉。晉趙鞅納衛大子于戚。宵迷。陽虎曰。右河而南。

必至焉是時河北流過元城界戚在河外晉軍已渡河故欲出河右而南使大子絻絻者始發喪之服○絻音問八人衰絰僞自衛逆者欲爲衛人逆故衰絰成服告於門哭而入遂居之秋八月齊人輸范氏粟鄭子姚子般送之子姚罕達子般駟弘○般音班士吉射逆之趙鞅禦之遇於戚陽虎曰吾車少以兵車之旆與罕駟兵車先陳旆先驅車也以先驅車益其兵車以示衆○陳直覲反罕駟自後隨而從之彼見吾貌必有懼心晉人先陳鄭人隨之不知其虛實見車多

必懼於是乎會之（會合戰）必大敗之從之卜戰龜焦（兆不成）樂丁曰詩曰爰始爰謀爰契我龜（樂丁晉大夫詩大雅言先人事後卜筮）謀協以故兆詢可也（詢諮詢也故兆始納衛太子卜得吉兆言今既謀同可不須更卜）簡子誓曰范氏中行氏反易天明（不事君也）斬艾百姓欲擅晉國而滅其君寡君恃鄭而保焉今鄭爲不道弃君助臣二三子順天明從君命經德義除詬恥在此行也克敵者上大夫受縣下大夫受

郡周書作雒篇。千里百縣。縣有四郡。○(艾)魚廢反(滅)或作戕。音殘(詬)呼豆反。又音苟士田十萬十萬畝也庶人工商遂得遂進仕人臣隸圉免去厮役。○(厮)又作斯。音同。艾草爲防者曰厮。汲水漿者曰役志父無罪。君實圖之志父。趙簡子之一名也。言已事濟。君當圖其賞。○志父。趙鞅。入晉陽以畔。後得歸。改名志父。春秋仍舊猶書趙鞅若其有罪絞縊以戮桐棺三寸。不設屬辟屬辟。棺之重數。王棺四重。君再重。大夫一重。○(屬)音燭。次大棺也(辟)步歷反。親身棺也。禮。大夫無辟素車樸馬以載柩。○(樸)普卜反無入于兆兆。葬域下卿之罰也爲衆設賞。

自設罰所以能克敵甲戌將戰郵無恤御簡子衛大子爲右郵無恤王良也登鐵上鐵丘名望見鄭師衆大子懼自投于車下子良授大子綏而乘之曰婦人也言其怯簡子巡列曰畢萬匹夫也七戰皆獲有馬百乘死於牖下畢萬晉獻公卿也皆獲有功死於牖下言得壽終○羣子勉之死不在寇言有命繁羽御乘去聲趙羅宋勇爲右三子晉大夫羅無勇麇之麇束縛也○麇丘隕反吏詰之御對曰痁作而伏痁瘧疾也○詰音乞痁詩

占反衛大子禱曰。曾孫蒯聵敢昭告皇祖文王周文王。皇。大也。烈祖康叔也烈。顯文祖襄公禱如字。一丁報反繼業守文。故曰文祖。蒯聵。襄公之孫鄭勝亂從勝。鄭聲公名。釋君助臣。爲從於亂晉午在難午。晉定公名○難乃旦反不能治亂使鞅討之鞅。簡子名蒯聵不敢自佚備持矛焉戎右持矛敢告無絕筋無折骨無面傷以集大事無作三祖羞集。成也大命不敢請佩玉不敢愛不敢愛。故以祈禱鄭人擊簡子中肩斃于車中斃。踣也○中肩。陟仲反獲其䗬旗。䗬旗。旗名。（䗬）音蜂 大子救之以戈。鄭師北。獲溫大夫趙羅。羅無勇。故鄭師雖北。猶獲羅 大子復伐之。鄭師大敗。獲齊粟千車。趙孟喜曰。可矣。趙孟。簡子也。喜大子前怯。今更勇。○（復）扶又反 傅傁曰。雖克鄭。猶有知在。憂未艾也。傅傁。簡子屬也。言知氏將爲難。後竟有晉陽之患。○（傁）音叟（知）音智（艾）魚廢反。又五蓋反 初。周人與范氏田。公孫尨稅焉。尨。范氏臣。爲范氏收周人所與田之稅 趙氏得而獻之。得尨以獻簡子 吏請殺之。趙孟曰。爲其主也。何罪。止而與之田。還其所稅及鐵之戰以徒五百人宵攻鄭師取蠭旗於子姚之幕下獻曰請報主德追鄭師姚般公孫林殿而射前列多死晉前列姚般子姚子般殿丁電反射食亦反趙孟曰國無小言雖小國猶有善射者既戰簡子曰吾伏弢嘔血弢弓衣嘔吐也○弢吐刀反鼓音不衰今日我上也功為上大子曰吾救主於車退敵於下我右之上也郵良曰我兩靷將絕吾能止之止使不絕○靷以刃反我御之上也駕而乘材兩靷

皆絕材。橫木。明細小也。傳言簡子不讓。下自伐吳洩庸如蔡納聘。而稍納師師畢入衆知之元年蔡請遷于吳。中悔。故因聘襲之。○洩息列反蔡侯告大夫殺公子駟以說殺駟以說吳。言駟之爲不時遷。哭而遷墓將遷。與先君辭。故哭冬蔡遷于州來。

經三年春齊國夏衞石曼姑帥師圍戚曼姑。爲子圍父。知其不義。故推齊使爲兵首。戚不稱衞非叛人。○曼音萬夏四月甲午。地震無傳五月辛卯桓宮僖宮災天火曰災季孫斯叔孫州仇帥師城啓陽無傳。魯黨范氏。故懼晉。比年四城。啓陽今琅邪開陽縣宋樂髡帥師伐曹無傳秋七月丙子季孫斯卒蔡人放其大夫公孫獵于吳無傳公子駟之黨冬十月癸卯秦伯卒無傳不書名未同盟叔孫州仇仲孫何忌帥師圍邾無傳

傳三年春齊衛圍戚求援于中山中山鮮虞夏五月辛卯司鐸火司鐸宮名火踰公宮桓僖災桓公僖公廟救火者皆曰顧府言常人愛財南宮敬叔至命周人出御書俟於宮敬叔孔子弟子南宮閱周人司周書典籍之官

御書。進於君者也。使待命於宮曰：庀女而不在，死。庀，具也。○庀，匹婢反。女音汝。

子服景伯至，命宰人出禮書，景伯，子服何也。宰人，家宰之屬。以待命。命不共，有常刑。待求之命。校人乘馬，

巾車脂轄，校人掌馬。巾車掌車。乘馬，使四四相從，爲駕之易。○校音效。乘，去聲。下同。○爲，于僞反。

百官官備，府庫慎守，官人肅給，國有火災，恐有變難，故慎爲備。濟濡帷幕，鬱攸從之，鬱攸，火氣也。濡物於水，出用爲濟。○濟，子細反，又子禮反。蒙葺公屋，以濡物冒覆公屋。自大廟

始，外內以悛，悛，次也。先尊後卑，以次救之。○悛，七全反。助所不給。

有不用命。則有常刑。無赦。公父文伯至。命校人駕乘車乘車。公車季桓子至。御公立于象魏之外象魏。門闕命救火者傷人則止。財可爲也。命藏象魏周禮。正月縣教令之法于象魏。使萬民觀之。故謂其書爲象魏曰舊章不可亡也。富父槐至。曰無備而官辦者。猶拾瀋也槐。富父終生之後。瀋。汁也。言不備而責辦。不可得。○瀋。尺審反於是乎去表之槀表。表火道。風所向者。去其槀積。○去。起呂反。積。子賜反道還公宮開除道周帀公宮。使火無相連。○還。又作環。戶關反孔子在陳聞火。曰。其桓僖乎〔言桓僖親盡而廟不毀。宜爲天所災〕劉氏范氏世爲婚姻〔劉氏。周卿士。范氏。晉大夫〕萇弘事劉文公〔爲之屬大夫〕故周與范氏。趙鞅以爲討〔責周與范氏〕六月。癸卯。周人殺萇弘〔終違天之禍〕秋。季孫有疾。命正常曰。無死〔正常。桓子之寵臣。欲付以後事。故勑令勿從已死〕南孺子之子。男也。則以告而立之〔南孺子。季桓子之妻。言若生男。告公而立〕之女也。則肥也可〔肥。康子也〕季孫卒。康子即位。既葬。康子在朝〔在公朝也〕南氏生男。正常載以如朝。

告曰夫子有遺言命其圉臣曰南氏生男則以告於君與大夫而立之今生矣男也敢告遂奔衛康子請退（退辟位也）公使共劉視之（共劉魯大夫○共音恭）㊀則或殺之矣乃討之（討殺者）召正常正常不反（畏康子也傳備言季氏家事）冬十月晉趙鞅圍朝歌師于其南（范中行所在）荀寅伐其郛（伐其北郛圍）使其徒自北門入已犯師而出（荀寅使在外救己之徒擊趙氏圍之北門因外內攻得出）癸丑奔邯鄲十一月趙鞅殺士

皐夷惡范氏也惡范氏而殺其族言遷怒○惡烏路反

經四年春王二月庚戌盜殺蔡侯申賤者故稱盜不言弒其君賤盜也○殺申志反案宣十七年蔡侯申卒是文侯也今昭侯是其玄孫不容與高祖同名未審何者誤蔡公孫辰出奔吳弒君賊之黨故書名葬秦惠公無傳宋人執小邾子無傳邾子無道於其民故稱人以執夏蔡殺其大夫公孫姓公孫霍皆弒君黨○姓音生晉人執戎蠻子赤歸于楚晉恥爲楚執諸侯故稱人以告若蠻子不道於其民也赤本屬楚故言歸○爲于僞反城西郛無傳魯西郭備晉也六

月。辛丑。亳社災。無傳。天火也。亳社。殷社。諸侯有之。所以戒亡國。秋。八月。甲寅。滕子結卒。無傳。同盟。於皐鼬。冬。十有二月。葬蔡昭公。無傳。亂故。是以緩。葬滕頃公。無傳。

傳。四年。春。蔡昭侯將如吳。諸大夫恐其又遷也。承。承音懲。蓋楚言也。公孫翩逐而射之。入於家人而卒。翩。蔡大夫。射。食亦反。以兩矢門之。衆莫敢進。翩以矢自守其門。文之鍇後至。鍇。蔡大夫。鍇。音楷。又音皆。曰。如牆而進。多而殺二人。併行如牆俱進。併。步頂反。鍇執弓而先翩射之中肘。鍇遂殺之。故逐公孫辰而殺公孫姓、公孫盱。盱即霍也。○盱，況于反。夏，楚人既克夷虎，夷虎，蠻夷叛楚者。乃謀北方。左司馬眅、申公壽餘、葉公諸梁致蔡於負函，三子，楚大夫也。此蔡故地人民，楚因以爲邑。致之者，會其衆也。○眅，普版反，又匹姦反。葉，始涉反。致方城之外於繒關，負函、繒關，皆楚地。○繒，才陵反。曰：「吳將泝江入郢，逆流曰泝。將奔命焉。爲一昔之期，襲梁及霍。」僞辭，當備吳，夜結期。明日便襲梁、霍，使不知之。梁，河南梁縣西南故城也。梁南有霍陽山。皆蠻子之邑也。單浮餘圍蠻氏蠻氏潰浮餘。楚大夫○（單）音善蠻子赤奔晉陰地陰地。河南山北。自上雒以東至陸渾○（渾）戶門反司馬起豐析與狄戎楚司馬眅也。析縣屬南鄉郡。析南有豐鄉。皆楚邑。發此二邑人及戎狄以臨上雒。左師軍于菟和菟和山在上雒東也○（菟）音徒右師軍于倉野倉野在上雒縣使謂陰地之命大夫士蔑命大夫。別縣監尹○（監）古銜反曰晉楚有盟好惡同之若將不廢寡君之願也不然將通於少習以聽命少習。商縣武關也。將大開武關道以伐晉○（少）詩照反士蔑請諸趙孟趙孟曰晉國未寧安能惡於楚必速與之（未寧時有范中行之難）士蔑乃致九州之戎（九州戎在晉陰地陸渾者）將裂田以與蠻子而城之（以詐蠻子）且將爲之卜（卜城○爲于僞反）蠻子聽卜遂執之與其五大夫以畀楚師于三戶（今丹水縣北三戶亭）司馬致邑立宗焉以誘其遺民（楚復詐爲蠻子作邑立其宗主）而盡俘以歸秋七月齊陳乞弦施衛甯跪救范氏（陳乞僖子弦施弦多）庚午圍五鹿（五鹿晉邑）九月趙鞅圍邯鄲冬

十一月邯鄲降荀寅奔鮮虞趙稷奔臨（臨晉邑○降戶江反）十二月弦施逆之遂墮臨國夏伐晉取邢任欒鄗逆畤陰人盂壺口（八邑晉地欒在趙國平棘縣西北鄗即高邑縣也路縣東有壺口關○墮許規反任音壬鄗呼洛反畤音止）會鮮虞納荀寅于柏人（晉邑也今趙國柏人縣也弦施與鮮虞會也）

哀五年

經五年春城毗（無傳備晉也）夏齊侯伐宋（無傳）晉趙鞅帥師伐衛秋九月癸酉齊侯杵臼卒（再同盟也）冬叔還如齊閏月葬齊景公（無傳）

傳五年春晉圍柏人荀寅士吉射奔齊初范氏之臣王生惡張柳朔言諸昭子使爲柏人（爲柏人宰也昭子范吉射○惡去聲下同）昭子曰夫非而讎乎對曰私讎不及公（公家之事也○夫音扶）好不廢過惡不去善義之經也臣敢違之及范氏出（出柏人奔齊○好呼報反去起呂反）張柳朔謂其子爾從主勉之我將止死王生授我矣（授我死節）吾不可以僭之遂死於柏人（爲吉射距晉戰死）夏趙鞅伐衛范氏之故也

遂圍中牟（衛助范氏故也）齊燕姬生子不成而死（燕姬，景公夫人。不成，未冠也。○燕，於賢反）諸子鬻姒之子荼嬖（諸子，庶公子也。鬻姒，景公妾。荼，安孺子。○鬻音育。荼音舒，又音徒）諸大夫恐其爲大子也言於公曰君之齒長矣未有大子若之何公曰二三子閒於憂虞則有疢疢亦姑謀樂何憂於無君（景公意欲立荼而未發，故以此言塞大夫請。○長，上聲。閒音閑，又音諫。疢，勑覲反。樂音洛）公疾使國惠子高昭子立荼（惠子，國夏。昭子，高張）寘羣公子於萊（萊，齊東鄙邑）秋齊景

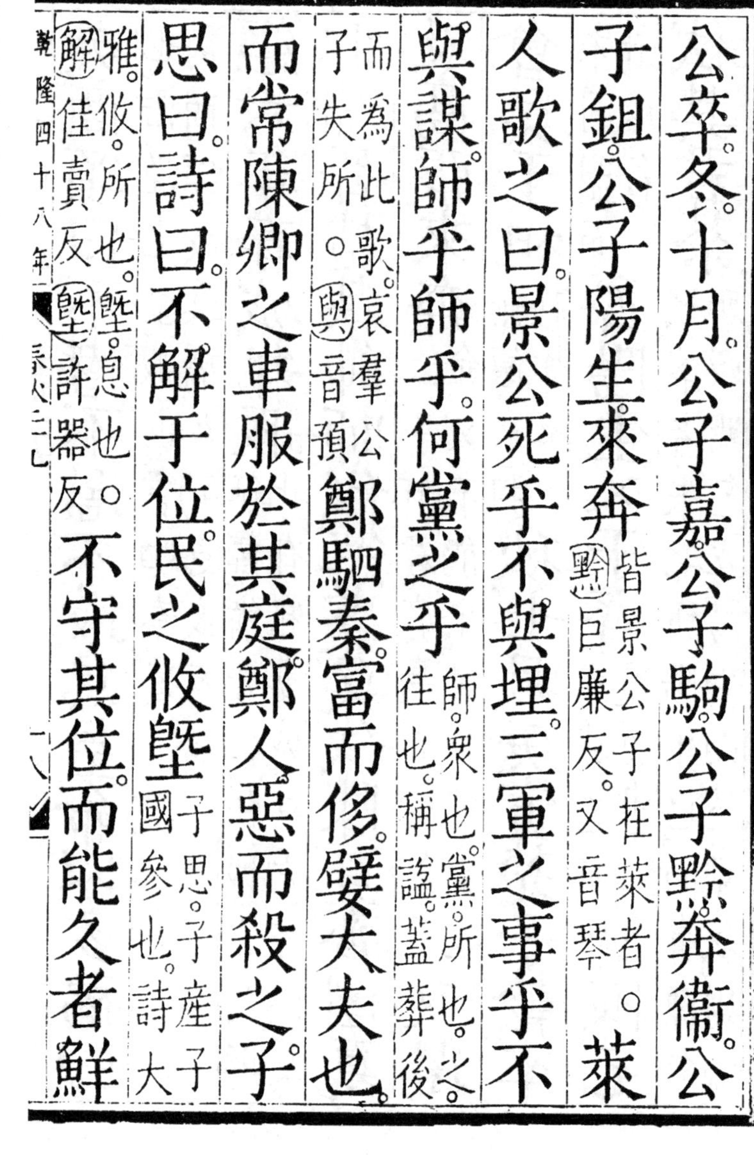

公卒。冬。十月。公子嘉。公子駒。公子黔奔衛。公子鉏。公子陽生來奔皆景公子在萊者。○黔巨廉反。又音琴萊人歌之曰。景公死乎不與埋。三軍之事乎不與謀。師乎師乎。何黨之乎師。衆也。黨。所也。之。往也。稱謚。葢葬後而為此歌。哀羣公子失所。○與音預鄭駟秦富而侈。嬖大夫也。而常陳卿之車服於其庭。鄭人惡而殺之。子思曰。詩曰。不解于位。民之攸塈子思。子產子國參也。詩大雅。攸。所也。塈。息也。○解佳賣反塈許器反不守其位而能久者鮮

矣。商頌曰。不僭不濫。不敢怠皇。命以多福。僭。差也。濫。溢也。皇。暇也。言駟秦違詩商頌。故受禍。○鮮息淺反

經六年。春。城邾瑕。無傳。備晉也。任城亢父縣北有邾婁城。○亢苦浪反。又音剛

晉趙鞅帥師伐鮮虞。吳伐陳。夏。齊國夏及高張來奔。二子阿君。廢長立少。既受命。又不能全。書名。罪之也

叔還會吳于柤。無傳。○柤莊加反

秋。七月。庚寅。楚子軫卒。未同盟而赴以名

齊陽生入于齊。爲陳乞所逆。故書入

齊陳乞弑其君荼。弑荼者。朱毛與陽生也。而書陳乞。所以明乞立陽生而荼見弑。則禍

由乞始也。楚比劫立。陳乞流涕。子家憚老。皆疑於免罪故春秋明而書之。以為弒主冬。

仲孫何忌帥師伐邾無傳宋向巢帥師伐曹無傳

傳。六年。春。晉伐鮮虞。治范氏之亂也四年鮮虞納荀寅于柏人。吳伐陳。復脩舊怨也元年未得志也。○復扶又反楚子曰。吾先君與陳有盟。不可以不救。乃救陳。師于城父陳盟在昭十三年齊陳乞僞事高國者高張國夏。受命立荼。陳乞欲害之。故先僞事焉。每朝必驂乘焉。所從必言諸大夫言其罪過。○乘去聲。後同曰。彼皆偃蹇。將弃子之命偃蹇驕敖皆曰高國得君得君寵也必偪我盍去諸固將謀子子早圖之圖之莫如盡滅之需事之下也需疑也○去起呂反下同及朝則曰彼虎狼也見我在子之側殺我無日矣請就之位欲與諸大夫謀高國故求就之又謂諸大夫曰二子者禍矣恃得君而欲謀二三子曰國之多難貴寵之由盡去之而後君定既成謀矣盍及其未作也先諸作而後悔亦無及也大夫從之夏六月戊

辰陳乞鮑牧牧鮑圉孫及諸大夫以甲入于公宮昭子聞之與惠子乘如公戰于莊敗高國敗也莊六軌之道國人追之國夏奔莒遂及高張晏圉弦施來奔圉晏嬰之子圉施不書非卿秋七月楚子在城父將救陳卜戰不吉卜退不吉王曰然則死也再敗楚師不如死前已敗於柏舉今若退還亦是敗弃盟逃讎亦不如死死一也其死讎乎命公子申爲王不可則命公子結亦不可則命公子啓申子

西結子期啓子閭皆昭王兄五辭而後許將戰王有疾庚寅昭王攻大冥卒于城父大冥陳地吳師所在子閭退曰君王舍其子而讓羣臣敢忘君乎從君之命順也從命許立立君之子亦順也二順不可失也與子西子期謀潛師閉塗逆越女之子章立之而後還潛師密發也閉塗不通外使也越女昭王妾章惠王是歲也有雲如衆赤鳥夾日以飛三日楚子使問諸周大史周大史曰其當王身乎日爲人君妖氣守之

故以爲當王身。雲在楚上。唯楚見之。故禍不及他國若禜之。可移於令尹司馬。禜。禳祭。（禜）音詠○王曰。除腹心之疾。而寘諸股肱。何益。不穀不有大過。天其夭諸。有罪受罰。又焉移之。遂弗禜。初。昭王有疾。卜曰。河爲祟。王弗祭。大夫請祭諸郊。王曰。三代命祀。祭不越望。諸侯望祀竟內山川星辰江漢雎漳。楚之望也。四水在楚界。（雎）七餘反○禍福之至。不是過也。不穀雖不德。河非所獲罪也。遂弗祭。孔子曰。楚昭王知大道矣。其不失國也宜哉。夏書曰。惟彼陶唐。帥彼天常。逸書。言堯循天之常道。有此冀方。今失其行。亂其紀綱。乃滅而亡。滅亡。謂夏桀也。唐虞及夏。同都冀州。不易地而亡。由於不知大道故。○行如字。又下孟反。又曰。允出茲在茲。由己率常可矣。又逸書。言信出己。則福亦在己。八月。齊邴意茲來奔。高國黨。陳僖子使召公子陽生。召在七月。今在八月。下記事之交。陽生駕而見南郭且于。且于。齊公子鉏。在魯南郭。○且子餘反。曰。嘗獻馬於季孫。不入於上乘。故又獻此。

請與子乘之畏在家人聞其言。故欲二人共載。以試馬爲辭○上乘繩證反出萊門而告之故魯郭門也闞止知之先待諸外闞止。陽生家臣子我也。待外。欲俱去公子曰事未可知反與壬也處壬。陽生子簡公戒之戒使無洩言遂行逮夜至於齊。國人知之故以昏至。不欲令人知也。國人知而不言。不言陳氏得衆僖子使子士之母養之隱於僖子家內。子士母。僖子妾與饋者皆入陳僖子又令陽生隨饋食之人。入處公宮冬十月丁卯立之將盟盟諸大夫鮑子醉而往其臣差車鮑點點。鮑牧臣也。差車。主車之官。○（差）所宜反（點）音沾。又如字曰。此誰之命也。陳子曰。受命于鮑子。遂誣鮑子曰。子之命也。見其醉。故誣之。鮑子曰。女忘君之爲孺子牛而折其齒乎。而背之也。孺子。荼也。景公嘗銜繩爲牛。使荼牽之。荼頓地。故折其齒。○（折）之舌反。又市列反。悼公稽首曰。吾子奉義而行者也。悼公。陽生。若我可。不必亡一大夫。言己可爲君。必不怨鮑子。若我不可。不必亡一公子。公子。自謂也。恐鮑子殺己。故要之。○（要）一遙反。義則進。否則退。敢不唯子是從。廢興無以亂。則所願也。鮑子曰。誰非君之子。乃受盟言陽生亦君之子。固可立。使胡姬以安孺子如賴胡姬。景公妾也。賴。齊邑。安孺號也。去鬻姒（去）起呂反荼之母。○殺王甲。拘江說。囚王豹于句竇之丘三子。景公嬖臣。荼之黨也。○（說）音悅（句）音鉤。公使朱毛朱毛。齊大夫告於陳子曰。微子則不及此。然君異於器。不可以二。器二不匱。君二多難。敢布諸大夫。僖子不對而泣曰。君舉不信群臣乎。舉皆也。○（難）乃旦反以齊國之困。困又有憂內有飢荒之困。又有兵革之憂少君不可以訪是以求長君庶亦能容羣臣乎不然夫孺子何罪毛復命公悔之悔失言毛曰君大訪於陳子而圖其小可也大謂國政小謂殺荼使毛遷孺子於駘不至殺諸野幕之下葬諸殳冒淳恐駘人不從故毛駐於野張帳而殺之駘齊邑殳冒淳地名實以冬殺經書秋者史書秋記始事遂連其死通以冬告魯○駘他才反又徒來反殳音殊

經七年春宋皇瑗帥師侵鄭晉魏曼多帥師侵衛夏公會吳于鄫鄫今琅邪鄫縣○瑗于眷反鄫才陵反秋

公伐邾八月己酉入邾以邾子益來他國言歸於魯言來外內之辭宋人圍曹冬鄭駟弘帥師救曹

傳七年春宋師侵鄭鄭叛晉故也定八年鄭始叛晉師侵衞衞不服也五年晉伐衞至今未服夏公會吳于鄫吳欲霸中國吳來徵百牢子服景伯對曰先王未之有也吳人曰宋百牢我是時吳過宋得百牢魯不可以後宋且魯牢晉大夫過十晉大夫范鞅也在昭二十一年吳王百牢不亦可乎景伯曰晉范鞅貪而

弃禮以大國懼敝邑故敝邑十一牢之君若以禮命於諸侯則有數矣有常數若亦弃禮則有淫者矣淫過也周之王也制禮上物不過十二上物天子之牢以爲天之大數也天有十二次故制禮象之今弃周禮而曰必百牢亦唯執事吳人弗聽景伯曰吳將亡矣弃天而背本違周爲背本不與必弃疾於我放弃凶疾來伐擊我乃與之大宰嚭召季康子嚭吳大夫康子使子貢辭大宰嚭曰國君道長

蓋言君長大於道路。○長丁丈反　而大夫不出門此何禮也

對曰豈以爲禮畏大國也畏大國。不敢虛國盡行大國

不以禮命於諸侯苟不以禮豈可量也寡君

旣共命焉其老豈敢弃其國大伯端委以治

周禮仲雍嗣之斷髮文身臝以爲飾豈禮也

哉有由然也大伯周大王之長子。仲雍。大伯弟也。大伯仲雍讓其弟季歷。俱適荆蠻。遂有民衆。大伯卒。無子。仲雍嗣立。不能行禮致化。故效吳俗。言其權時制宜以辟災害。非以爲禮也。端委。禮衣也。

○共音恭　斷丁管反　臝力果反　反自鄫以吳

爲無能爲也（弃禮。知其不能霸也。）季康子欲伐邾，乃饗大夫以謀之。子服景伯曰：小所以事大，信也。大所以保小，仁也。背大國，不信（大國，吳也。）伐小國，不仁。民保於城，城保於德，失二德者危，將焉保（二德，信與仁也。）孟孫曰：二三子以爲何如（怪諸大夫不言，故指問之。）惡賢而逆之（孟孫賢景伯，欲使大夫不逆其言。惡猶安也。○惡音烏。）對曰：禹合諸侯於塗山，執玉帛者萬國（諸大夫對也。諸侯執玉，附庸執帛。塗山在壽春東北。）今其存者無數十焉。

唯大不字小。小不事大也。言諸侯相伐。古來以然。○數所主反

知必危何故不言。知伐邾必危自當言。今不言者。不危故也。大夫以荅孟孫所怪。阿附季孫

且魯德如邾而以衆加之可乎。孟孫僉荅大夫。今魯德無以勝邾。但欲恃衆可乎。言不可

不樂而出。季孟意異。佞直不同。故罷饗。○樂音岳。一音洛

秋伐邾及范門。邾郭門也

猶聞鐘聲。邾不禦寇

大夫諫不聽。茅成子請告於吴。成子。邾大夫茅夷鴻

不許。曰魯擊柝聞於邾。言以近。○聞音問。又如字

吴二千里。不三月不至。何及於我。且國內豈不

足言足以距魯成子以茅叛高平西南有茅鄉亭師遂入邾。處其公宮。衆師晝掠虜掠取財物也。○掠音亮邾衆保于繹繹。邾山也。在鄒縣北師宵掠以邾子益來益。邾隱公也。晝夜掠。傳言康子無法獻于亳社以其亡國與殷同囚諸負瑕負瑕故有繹負瑕。魯邑。高平南平陽縣西北有瑕丘城。前者魯得邾之繹民。使在負瑕。故使相就以辱之邾茅夷鴻以束帛乘韋自請救於吳無君命。故言自。○乘去聲。下同曰魯弱晉而遠吳。馮恃其衆馮依。○馮音憑而背君之盟。辟君之執事辟。陋。○辟匹亦反以陵我小國。邾非敢自愛也，懼君威之不立。君威之不立，小國之憂也。若夏盟於鄫衍，【鄫衍即鄫也。鄫盟不書，吳行夷禮，禮儀不典，非所以結信義，故不録。】秋而背之，成求而不違，【言魯成其所求，無違逆也。】四方諸侯其何以事君？且魯賦八百乘，君之貳也；【貳，敵也。魯以八百乘之賦貢於吳，言其國大。】邾賦六百乘，君之私也。【爲私屬。】以私奉貳，唯君圖之。吳子從之。【爲明年吳伐我傳。】宋人圍曹，鄭桓子思曰：宋人有曹，鄭之患也，不可以不救桓諡冬鄭師救曹侵宋初曹人或夢衆君子立于社宮社宮社也而謀亡曹曹叔振鐸請待公孫彊許之振鐸曹始祖旦而求之曹無之戒其子曰我死爾聞公孫彊爲政必去之及曹伯陽即位好田弋曹鄙人公孫彊好弋獲白鴈獻之且言田弋之說說之因訪政事大說之有寵使爲司城以聽政夢者之子乃行彊言霸說於曹伯曹伯從之乃背晉而奸宋宋人

伐之。晉人不救。築五邑於其郊。曰黍丘揖丘大城鍾邦爲明年入曹傳也。梁國下邑縣西南有黍丘亭。○說如字　說之音悅。霸說如字。又始銳反揖音集。一於入反邦音于

經八年。春。王正月。宋公入曹。以曹伯陽歸曹人背晉而奸宋。是以致討。宋公既還。而不忍褚師之詬。怒而反兵。一舉滅曹。滅非本志。故以入告

吳伐我。夏。齊人取讙及闡不書伐。兵未加而魯與之邑。闡在東平剛縣北。○讙音歡　闡尺善反

歸邾子益于邾。秋。七月。冬。十有二月。癸亥。杞伯過卒無傳。未同盟而赴以名。○過古禾反

齊人歸讙及闡不言來。命歸之。無旨使也。○使所吏反

傳。八年。春。宋公伐曹。將還。褚師子肥殿。子肥宋大夫。○殿丁練反曹人詬之。不行。詬。詈辱也。不行。殿兵止也。○詬呼豆反師待之。公聞之。怒。命反之。遂滅曹。執曹伯及司城彊以歸。殺之。終曹人之夢吳為邾故。將伐魯。問於叔孫輒。叔孫輒問可伐不。輒故魯人叔孫輒對曰。魯有名而無情。有大國名。無情實。伐之。必得志焉。退而告公山不狃。不狃亦故魯人公山不狃曰。非禮也。君子違

不適讎國（違。奔亡也）未臣而有伐之奔命焉死之可也（未臣所適之國。若有伐本國者。則可還奔命死其難）所託也則隱（曾所因託。則爲之隱惡）且夫人之行也不以所惡廢鄉（不以其私怨惡。廢棄其鄉黨之好。○夫音扶。行下孟反。又如字。惡烏路反。又如字）今子以小惡而欲覆宗國不亦難乎（輒。魯公族。故謂之宗國）若使子率子必辭王將使我子張病之（子張。輒也）王問於子洩（子洩。不狃）對曰魯雖無與立（緩時若無能自立）必有與斃（急則人人知懼。皆將同死戰）諸侯將救之未可以得志焉晉與齊楚輔之是四讎也與魯而四夫魯齊晉之脣脣亡齒寒君所知也不救何爲三月吳伐我子洩率故道險從武城故由險道欲使魯成備初武城人或有因於吳竟田焉僑田吳界拘鄫人之漚菅者曰何故使吾水滋鄫人亦僑田吳滋濁也○漚烏豆反菅古顏反滋音玄又本作茲子絲反字林云黑也及吳師至拘者道之以伐武城克之鄫人教吳必可克王犯嘗爲之宰澹臺子羽之父好焉國人懼王犯

吴大夫。故嘗奔魯。爲武城宰。澹臺子羽。武城人。孔子弟子也。其父與王犯相善。國人懼其爲內應。澹待甘反懿子謂景伯。若之何。對曰。吴師來。斯與之戰。何患焉。且召之而至。又何求焉。言犯盟伐邾。所以召吴吴師克東陽而進。舍於五梧。明日。舍於蠶室。三邑。魯地公賓庚。公甲叔子。與戰于夷。獲叔子與析朱鉏。公賓庚。公甲叔子。并析朱鉏。爲三人。皆同車。傳互言之獻於王。王曰。此同車。必使能。國未可望也。同車能俱死。是國能使人。故不可望得明日。舍于庚宗。遂次於泗上。微虎欲宵攻王舍。微虎，魯大夫。私屬徒七百人，三踊於幕庭，於張前設格，令士試躍。卒三百人，有若與焉。卒，終也。終得三百人任行。有若，孔子弟子。與，在三百人中。○屬音燭。令，力呈反。與音預。任音壬。及稷門之內。三百人行至稷門。或謂季孫曰：不足以害吳，而多殺國士，不如已也。乃止之。吳子聞之，一夕三遷。畏微虎也。○三，息暫反。吳人行成，求與魯成。將盟，景伯曰：楚人圍宋，易子而食，析骸而爨，在宣十五年。猶無城下之盟。我未及虧，而有城下之盟，是弃國也。吳輕而遠，不能久，將歸矣，請少待之。弗從。景伯負載，造於萊門。（以言不見從，故負載書，將欲出盟。○輕，去聲。造，七報反。）乃請釋子服何於吳，吳人許之，以王子姑曹當之，而後止。（釋，舍也。魯人不以盟為了，欲因留景伯為質於吳。既得吳之許，復求吳王之子以交質。吳人不欲留王子，故遂兩止。）吳人盟而還。（不書盟，恥吳夷。）齊悼公之來也，（在五年。）季康子以其妹妻之，即位而逆之。季魴侯通焉，（魴侯，康子叔父。○魴，音房。）女言其情，弗敢與也。齊侯怒夏五月齊鮑牧帥師伐我取讙及闡或譖胡姬於齊侯胡姬景公妾曰安孺子之黨也六月齊侯殺胡姬傳言齊侯無道所以不終齊侯使如吳請師將以伐我乃歸邾子齊未得季姬故請師也吳前爲邾討魯懼二國同心故歸邾子邾子又無道吳子使大宰子餘討之子餘大宰嚭囚諸樓臺栫之以棘栫擁也○栫在薦反使諸大夫奉大子革以爲政革邾大子桓公也爲十年邾子來奔

傳秋及齊平九月臧賓如如齊涖盟賓如臧會子

齊閭丘明來涖盟明。閭丘嬰之子也。盟不書。諱略之且逆季姬以歸嬖季姬。魴侯所通者鮑牧又謂羣公子曰使女有馬千乘乎有馬千乘。使爲君也。鮑牧本不欲立陽生。故諷動羣公子○女音汝乘去聲公子愬之公謂鮑子或譖子子姑居於潞以察之潞。齊邑若有之則分室以行若無之則反子之所出門使以三分之一行半道使以二乘及潞麇之以入遂殺之麇亦束縛○麇丘隕反冬十二月齊人歸讙及闡季姬嬖故也經九年春王二月葬杞僖公（無傳三月而葬速）宋皇瑗帥師取鄭師于雍丘（書取覆而敗之雍丘縣屬陳留○雍於勇反）夏楚人伐陳秋宋公伐鄭冬十月

傳九年春齊侯使公孟綽辭師于吳（齊與魯平故辭吳師）吳子曰昔歲寡人聞命今又革之不知所從將進受命於君（爲十年吳伐齊傳）鄭武子賸之嬖許瑕求邑無以與之（賸罕達也瑕武子之屬）請外取許之（瑕請取於他國也）故圍宋雍丘宋皇瑗圍鄭師（許瑕

師每日遷舍作壘塹成輒徙舍合其圍壘合。鄭師哭。子姚救之。大敗。子姚武子賸也二月甲戌。宋取鄭師于雍丘。使有能者無死。惜其能也以郟張與鄭羅歸。鄭之有能者。郟古洽反夏。楚人伐陳。陳即吳故也。宋公伐鄭。報雍丘秋。吳城邗。溝通江淮。於邗江築城穿溝東北通射陽湖。西北至宋口入淮。通糧道也。今廣陵韓江是。○邗音寒。射食亦反。又音亦晉趙鞅卜救鄭。遇水適火。水火之兆占諸史趙史墨史龜。皆晉史史龜曰。是謂沈陽。火陽得水故沈可以興兵兵。陰類也。故可以興兵利以伐姜。不利子商。姜。齊姓。子商。謂宋伐齊則可。敵宋不吉。史墨曰。盈。水名也。子。水位也。趙鞅姓盈。宋姓子。水盈坎乃行。子姓又得北方水位名位敵。不可干也。二水俱盛。故言不可干炎帝爲火師神農有火瑞。以火名官姜姓其後也。水勝火。伐姜則可。史趙曰。是謂如川之滿。不可游也。既盈而得水位。故爲如川之滿。不可馮游。言其波流盛。○馮皮冰反鄭方有罪。不可救也。鄭以嬖寵伐人。故以爲有罪救鄭則不吉。不知其他。救鄭則當伐宋。故不吉也陽虎以周易筮之遇泰☷☰乾下坤上。泰之需☵☰乾下坎上。需。泰六五變曰宋方吉不可與也不可與戰。泰六五曰。帝乙歸妹。以祉元吉。帝乙。紂父。立爲天子。故稱帝乙。陰而得中。有似王者嫁妹。得如其願。受福祿而大吉微子啓帝乙之元子也宋鄭甥舅也宋鄭爲昏姻。甥舅之國。宋爲微子之後。今卜得帝乙卦。故以爲宋吉祉祿也若帝乙之元子歸妹而有吉祿我安得吉焉乃止吉在彼。則我伐之爲不吉冬吳子使來儆師伐齊前年齊與吳謀伐魯。齊既與魯成而止。故吳恨之。反與魯謀伐齊經十年春王二月邾子益來奔。公會吳伐齊書會從不與謀三月戊戌齊侯陽生卒以疾赴故不書弒夏宋人伐鄭無傳晉趙鞅帥師侵齊五月公至自伐齊無傳葬齊悼公無傳衛公孟彄自齊歸于衛無傳書歸齊納之。彄苦侯反薛伯夷卒無傳赴以名故書秋葬薛惠公無傳冬楚公子結帥師伐陳吳救陳季子不書陳人來告不以名

傳十年春邾隱公來奔齊甥也故遂奔齊終子

貢之言 公會吳子。邾子。郯子。伐齊南鄙。師于鄎。鄎齊地。邾郯不書。兵并屬吳。不列於諸侯。○郯音談。鄎音息 齊人弒悼公。赴于師 以說吳 吳子三日哭于軍門之外。徐承帥舟師將自海入齊。齊人敗之。吳師乃還。承吳大夫 夏。趙鞅帥師伐齊 經書侵。以侵告 大夫請卜之。趙孟曰。吾卜於此起兵 謂往歲卜伐宋不吉。利以伐姜。故今興兵 事不再令 再令。瀆也 卜不襲吉 襲重也 行也。於是乎取犂及轅 犂一名隰。濟南有隰陰縣。祝阿縣西有轅城。○轅音袁。一于眷反 毀高唐之郭。侵及賴而還。秋。吴子使來復儆師伐齊未得志故。爲明年吴伐齊傳。○復扶又反冬。楚子期伐陳陳即吴故吴延州來季子救陳。謂子期曰。二君不務德二君。吴楚而力爭諸侯。民何罪焉。我請退以爲子名。務德而安民。乃還季子。吴王壽夢少子也。壽夢以襄十二年卒。至今七十七歲。壽夢卒。季子已能讓國。年當十五六。至今葢九十餘。○夢。音蒙

經。十有一年。春。齊國書帥師伐我。夏。陳轅頗出奔鄭書名。貪也。○頗。破可反。又普多反　五月。公會吴伐齊

甲戌。齊國書帥師及吳戰于艾陵。齊師敗績。獲齊國書公與伐而不與戰。艾陵。齊地秋。七月。辛酉。滕子虞母卒無傳。赴以名。故書之冬。十有一月。葬滕隱公無傳

衛世叔齊出奔宋書名。淫也

傳十一年。春。齊爲郞故郞在前年國書高無丕帥師伐我。及清清。齊地。濟北盧縣東有清亭。○丕普悲反季孫謂其宰冉求冉求。魯人。孔子弟子曰。齊師在清。必魯故也。若之何。求曰。一子守。二子從公禦諸竟。季孫曰。

武英殿仿宋本

不能自度力不能。使二子禦諸竟。〔守〕去聲〔從〕如字。又去聲〔竟〕音境求曰。居封疆之間封疆。竟內近郊之地季孫告二子二子。叔孫孟孫也二子不可。求曰。若不可。則君無出。一子帥師。背城而戰。不屬者。非魯人也。屬。臣屬也。言不戰爲不臣魯之羣室。衆於齊之兵車。羣室。都邑居家一室敵車。優矣。子何患焉。二子之不欲戰也宜。政在季氏言二子恨季氏專政。故不盡力當子之身。齊人伐魯而不能戰。子之恥也。大不列於諸侯矣。季孫使從於朝使冉求隨己之公朝侯於黨氏之溝黨氏溝。朝中地名。○黨音掌武叔呼而問戰焉問冉求對曰君子有遠慮小人何知懿子強問之對曰小人慮材而言量力而共者也言子所問。非已材力所及。故不能言。○彊其丈反。共音恭武叔曰是謂我不成丈夫也知冉求非已不欲戰。故不對退而蒐乘蒐閱孟孺子洩帥右師孺子。孟懿子之子武伯彘顏羽御邴洩爲右二子。孟氏臣冉求帥左師管周父御樊遲爲右樊遲。魯人。孔子弟子樊須○帥音率季孫曰須也

乾隆四十八年

弱有子曰就用命焉雖年少能用命有子冉求也○少詩照反季氏之甲七千冉有以武城人三百爲已徒卒步卒精兵老幼守宮次于雩門之外南城門也五日右師從之五日乃從言不欲戰公叔務人務人公爲昭公子見保者而泣保守城者曰事充繇役煩政重賦稅多上不能謀士不能死何以治民吾既言之矣敢不勉乎既言人不能死已不敢不死師及齊師戰于郊齊師自稷曲稷曲郊地名師不踰溝樊遲曰非不能也不

信子也。請三刻而踰之與衆三刻約信如之。衆從之。如樊遲言。乃踰溝師入齊軍冉求之師右師奔。齊人從之逐右師陳瓘陳莊涉泗二陳。齊大夫○瓘古喚反孟之側後入。以爲殿之側。孟氏族也。字反抽矢策其馬。曰。馬不進也不欲伐善林不狃之伍曰。走乎不狃。魯士。五人爲伍。敗而欲走不狃曰。誰不如我不如誰而欲走曰。然則止乎。不狃曰。惡賢言止戰。惡足爲賢。皆無戰志○惡音烏徐步而死徐行而死。言魯非無壯士。但季孫不能使師獲甲首八十冉求所得齊人不

能師。不能整其師 宵諜曰。齊人遁。諜。間也 冉有請從

之三。季孫弗許。孟孺子語人曰。我不如顏羽。

而賢於邴洩。二子與孟孺子同車。○語魚據反 子羽銳敏。子羽。

顏羽。銳。精也。敏。疾也。言欲戰 我不欲戰而能默。心雖不欲。口不言奔

洩曰。驅之。言驅馬欲奔 公爲與其嬖僮汪錡乘。皆

死皆殯。皆。俱也。○僮音童 錡魚綺反 乘繩證反 孔子曰。能執干

戈以衞社稷。可無殤也。時人疑童子當殤 冉有用矛

於齊師。故能入其軍。孔子曰。義也。言能以義勇。不書戰。

不皆陳也。不書敗。勝負不殊夏陳轅頗出奔鄭。初轅頗爲司徒賦封田以嫁公女封內之田。悉賦稅之有餘以爲己大器大器。鐘鼎之屬國人逐之故出道渴其族轅咺進稻醴粱糗腶脯焉糗。乾飯也。○糗起九反。一昌紹反腶丁亂反喜曰何其給也對曰器成而具具此醴糗曰何不吾諫對曰懼先行恐言不從。先見逐爲郊戰故公會吳子伐齊欲以報也○爲去聲五月克博壬申至于嬴博嬴。齊邑也。二縣皆屬泰山中軍從王吳中軍胥門巢將上軍。王子姑曹將下軍。展如將右軍。三將。吳大夫。齊國書將中軍。高無丕將上軍。宗樓將下軍。陳僖子謂其弟書。爾死。我必得志。書。子占也。欲獲死事之功。宗子陽與閭丘明相厲也。相勸厲致死。子陽。宗樓也。桑掩胥御國子。國子。國書。公孫夏曰。二子必死。亦勸勉之將戰。公孫夏命其徒歌虞殯。虞殯。送葬歌曲。示必死。陳子行命其徒具含玉。子行。陳逆也。具含玉。亦示必死。○行如字。又戶郎反。公孫揮命其徒曰。人尋約。吳髮短。約。繩也。八尺爲尋。吳髮短。欲以繩貫其首東郭書曰。三戰必死。於此三矣。三戰。夷儀。五氏。與今使問弦多以琴弦多。齊人也。六年奔魯。問遺也曰。吾不復見子矣言將死戰陳書曰。此行也吾聞鼓而已。不聞金矣鼓以進軍。金以退軍。不聞金。言將死也。傳言吳師彊。齊人皆自知將敗甲戌。戰于艾陵。展如敗高子齊上軍敗國子敗胥門巢吳上軍亦敗王卒助之。大敗齊師。獲國書。公孫夏。閭丘明。陳書。東郭書。革車八百乘。甲首三千。以獻于公。公以兵從。故以勞公。從才用反。又如字。

（勞）力報反將戰。吳子呼叔孫叔孫武叔州仇曰。而事何也問何職對曰。從司馬從吳司馬所命王賜之甲劒鈹曰。奉爾君事，敬無廢命。叔孫未能對，衛賜進賜子貢。孔子弟子也○（鈹）普悲反曰。州仇奉甲從君而拜拜受之公使大史固歸國子之元歸於齊也。元首也。吳以獻魯寘之新篋，褽之以玄纁褽薦也（褽）音尉○加組帶焉。寘書于其上。曰天若不識不衷，何以使下國言天識不善。故殺國子吳將伐齊，越子率其衆以朝焉。王及列士皆有饋賂。吳人皆喜。唯子胥懼曰。是豢吳也夫。[豢。養也。若人養犧牲。非愛之。將殺之]諫曰。越在我心腹之疾也。壤地同而有欲於我[欲得吳]夫其柔服。求濟其欲也。不如早從事焉[從事。擊之]得志於齊。猶獲石田也。無所用之[石田不可耕]越不爲沼。吳其泯矣。使醫除疾。而曰必遺類焉者。未之有也。盤庚之誥曰。其有顛越不共。則劓殄無遺育。無俾易種于茲邑[盤庚。商書也。顛越不共。從橫不承命者也。]

劓，割也。殄，絶也。育，長也。俾，使也。易種，轉生種類。○劓音藝。種章勇反。從子容反。是商所以興也。今君易之，將以求大，不亦難乎。弗聽。使於齊，屬其子於鮑氏，爲王孫氏。私使人至齊屬以其子改姓爲王孫。欲辟吳禍。○屬音燭。下同。反役，王聞之，使賜之屬鏤以死。艾陵役也。屬鏤，劒名。○鏤音閭，又音婁。將死，曰：樹吾墓檟，檟可材也。吳其亡乎。三年，其始弱矣。盈必毀，天之道也。越人朝之，伐齊勝之，盈之極也。爲十三年越伐吳起。秋，季孫命脩守備，曰：小勝大，禍也。齊至無日矣。

善有備。冬，衛大叔疾出奔宋。疾即齊也 初，疾娶（守）手又反于宋子朝，子朝，宋人，仕衛爲大夫 其娣嬖。娣，所娶女之娣 子朝出，出奔 孔文子使疾出其妻而妻之。疾使侍人誘其初妻之娣寘於犂，犂，衛邑（妻）之，去聲 而爲之一宮，如二妻。文子怒，欲攻之，仲尼止之。遂奪其妻。或淫于外州，外州人奪之軒以獻。外州，衛邑。軒，車也。以獻於君 耻是二者，故出。衛人立遺，使室孔姞。遺，疾之弟。孔姞，孔文子之女，疾之妻。（姞）其乙反 疾臣向魋，爲宋向魋臣。

魋徒回反納美珠焉與之城鉏城鉏宋邑。宋公求珠魋

不與由是得罪及桓氏出出在十四年城鉏人攻

大叔疾衛莊公復之聽使還使處巢死焉殯於

鄖葬於少禘終言疾之失所也。巢鄖少禘皆衛地。○鄖音云初晉悼

公子慭亡在衛使其女僕而田僕御田獵○慭魚覲反一

征領反大叔懿子止而飲之酒懿子大叔儀之孫。○飲於鴆反

遂聘之生悼子悼子大叔疾悼子即位故夏戊爲

大夫夏戊悼子之甥悼子亡衛人翦夏戊翦削其爵邑孔

文子之將攻大叔也，訪於仲尼。仲尼曰：胡簋之事，則嘗學之矣。胡簋，禮器名。夏曰胡，周曰簋。甲兵之事，未之聞也。退，命駕而行，曰：鳥則擇木，木豈能擇鳥？以鳥自喻。文子遽止之，曰：圉豈敢度其私，訪衛國之難也。圉，文子名。度，謀也。○度，入聲，下同。難，去聲。將止。止仲尼。魯人以幣召之，乃歸。於是自衛反魯，樂正，雅頌各得其所。季孫欲以田賦，丘賦之法，因其田財，通出馬一疋，牛三頭。今欲別其田及家財，各爲一賦，故言田賦。○別，如字，又彼列反。使冉有訪於仲尼，仲尼曰：

丘不識也。三發（問三發）卒曰（卒，終也）子爲國老。待子而行。若之何子之不言也。仲尼不對（不公荅）而私於冉有曰。君子之行也（行政事）度於禮。施取其厚。事舉其中。斂從其薄。如是則以丘亦足矣（丘，十六井。出戎馬一疋，牛三頭。是賦之常法。○施，尸豉反）若不度於禮。而貪冒無厭。則雖以田賦。將又不足。且子季孫若欲行而法。則周公之典在。若欲苟而行。又何訪焉。弗聽（爲明年用田賦傳。○冒，亡北反。又如字。厭，平聲）

經。十有二年。春。用田賦（直書之者。以示改法重賦）夏。五月。甲辰。孟子卒（魯人諱娶同姓。謂之孟子。春秋不改。所以順時）公會吳于橐皐（橐皐在淮南逡遒縣東南。○（橐）章夜反。一音託。（逡）音峻。（遒）音囚）秋。公會衛侯。宋皇瑗于鄖（鄖。發陽也。廣陵海陵縣東南有發繇口）宋向巢帥師伐鄭。冬。十有二月。螽（周十二月。今十月。是歲應置閏。而失不置。雖書十二月。實今之九月。司歷誤一月。九月之初尚溫。故得有螽）

傳。十二年。春。王正月。用田賦（終前年事）夏。五月。昭夫人孟子卒。昭公娶于吳。故不書姓（諱娶同姓。故謂之孟子。若宋女死不赴故不稱夫人不稱夫人。故不言薨不反哭故不言葬小君反哭者夫人禮也。以同姓故。不成其夫人喪孔子與弔適季氏季氏不絻故經而拜孔子始老。故與弔也。絻。喪冠也。孔子以小君禮往弔。季孫不服喪。故去經。從主節制。○與音預絻音問公會吳于橐皐吳子使大宰嚭請尋盟尋鄫盟公不欲使子貢對曰盟所以周信也周固故心以制之制其義玉帛以奉之奉贄明神言以結之結其信明神以要之要以禍福寡君以爲苟有盟焉弗

可改也已若猶可改日盟何益今吾子曰必尋盟若可尋也亦可寒也尋重也寒歇也乃不尋盟

吴徵會于衛初衛人殺吴行人且姚而懼謀於行人子羽子羽衛大夫也○且子餘反子羽曰吴方無道無乃辱吾君不如止也子木曰吴方無道子木衛大夫國無道必弃疾於人吴雖無道猶足以患衛爲衛患也往也長木之斃無不摽也摽擊也○摽敷蕭反又普交反國狗之瘈無不噬也瘈狂也噬齧也○瘈吉世

反 而況大國乎。秋衞侯會吳于鄖。公及衞侯。宋皇瑗盟。盟不書。畏吳竊盟 而卒辭吳盟。吳人藩衞侯之舍。藩。籬 子服景伯謂子貢曰。夫諸侯之會事既畢矣。侯伯致禮。地主歸餼。侯伯致禮以禮賓也。地主所會主人也。餼。生物 以相辭也。各以禮相辭讓 今吳不行禮於衞。而藩其君舍以難之。難。若困也 子盍見大宰。乃請束錦以行。以賂吳 語及衞故。若本不爲衞請者 大宰嚭曰。寡君願事衞君。衞君之來也緩。寡君懼。

故將止之止執子貢曰衛君之來必謀於其衆其衆或欲或否是以緩來其欲來者子之黨也其不欲來者子之讎也若執衛君是墮黨而崇讎也墮毁也○墮許規反夫墮子者得其志矣且合諸侯而執衛君誰敢不懼墮黨崇讎而懼諸侯或者難以霸乎大宰嚭說乃舍衛侯衛侯歸效夷言子之尚幼子之公孫彌牟○說音悅舍音捨又音赦曰君必不免其死於夷乎執焉而又說其言

從之固矣出公輒後卒死於越冬十二月螽季孫問諸仲尼仲尼曰丘聞之火伏而後蟄者畢火心星也。火伏在今十月今火猶西流司歷過也猶西流言未盡沒知是九月。歷官失一閏。釋例論之備宋鄭之間有隙地焉隙地閒田曰。彌作頃丘玉暢嵒戈錫凡六邑。○彌亡支反又亡爾反頃苦穎反。又音傾嵒五咸反錫音羊。一星歷反子產與宋人為成曰。勿有是俱弃之及宋平元之族自蕭奔鄭在定十五年鄭人為之城嵒戈錫城以處平元之族九月。宋向巢伐鄭。取錫。殺元公之孫。遂圍喦。十二月。鄭罕達救喦。丙申。圍宋師此事經在十二月㒲上。今倒在下。更具列其月。以爲別者。丘明本不以爲義例。故不皆齊同

經十有三年。春。鄭罕達帥師取宋師于喦。書取。覆而敗之。夏。許男成卒。無傳公會晉侯及吳子于黃池。陳留封丘縣南有黃亭。近濟水。夫差欲霸中國。尊天子。自去其僭號而稱子。以告令諸侯。故史承而書之。㊀起呂反楚公子申帥師伐陳。無傳於越入吳。秋。公至自會。無傳晉魏曼多帥師侵衞

無傳葬許元公無傳九月螽書災無傳冬十有一月有星孛于東方無傳平旦衆星皆没而孛乃見故不言所在之次○孛步内反盜殺陳夏區夫無傳稱盜非大夫○區烏侯反十有二月螽無傳前年季孫雖聞仲尼之言而不正歷失閏至此年故復十二月螽實十一月○復扶又反

傳十三年春宋向魋救其師救前年嵒師鄭子賸使徇曰得桓魋者有賞魋也逃歸遂取宋師于嵒獲成讙郜延二子宋大夫○讙火官反郜古報反又古毒反以

六邑爲虛空虛之各不有夏公會單平公晉定公吳夫差于黃池平公周卿士也不書尊之不與會六月丙子越子伐吳爲二隧隧道也疇無餘謳陽自南方二子越大夫先及郊吳大子友王子地王孫彌庸壽於姚自泓上觀之觀越師泓水名○泓烏宏反彌庸見姑蔑之旗姑蔑越地今東陽大末縣○大音泰又音闥曰吾父之旗也彌庸父爲越所獲故姑蔑人得其旌旗不可以見讎而弗殺也大子曰戰而不克將亡國請待之彌庸不

可屬徒五千。屬，會也。屬音燭 王子地助之。乙酉戰。彌庸獲疇無餘。地獲謳陽。越子至。王子地守。丙戌復戰。大敗吳師。獲大子友、王孫彌庸、壽於姚。地守故不獲。守，手又反。復，扶又反 丁亥入吳。吳人告敗于王。王惡其聞也。惡諸侯聞之。惡，烏路反 自剄七人於幕下。以絕口。剄，古頂反 秋七月辛丑盟。吳晉爭先。爭歃血先後。 吳人曰。於周室我爲長。吳爲大伯後，故爲長。長，上聲 晉人曰。於姬姓我爲伯。爲侯伯 趙鞅呼司馬寅寅。晉大夫曰。日旰矣旰。晚也。（旰）古旦反大事未成。二臣之罪也大事。盟也。二臣。鞅與寅建鼓整列。二臣死之。長幼必可知也。對曰。請姑視之。反曰。肉食者無墨墨。氣色下今吴王有墨。國勝乎國爲敵所勝大子死乎。且夷德輕。不忍久。請少待之。少待。無與爭（輕）遣政反乃先晉人盟不書。諸侯恥之。故不録吴人將以公見晉侯。子服景伯對使者曰。王合諸侯。則伯帥侯牧以見於王伯。王官伯。侯牧。方伯。（見）如字。又賢遍反。以（見）見賢遍反。（見）晉伯合諸侯則侯帥子男以見於伯伯諸侯長自王以下朝聘玉帛不同故敝邑之職貢於吳有豐於晉無不及焉以爲伯也今諸侯會而君將以寡君見晉君則晉成爲伯矣敝邑將改職貢魯賦於吳八百乘若爲子男則將半邾以屬於吳半邾三百乘而如邾以事晉如邾六百乘且執事以伯召諸侯而以侯終之何利之有焉吳人乃止既而悔之謂景伯欺之將囚景伯景伯曰何也

立後於魯矣何景伯名將以二乘與六人從遲速唯命遂因以還及戶牖戶牖陳留外黃縣西北東昏城是○從才用反謂大宰曰魯將以十月上辛有事於上帝先王季辛而畢何世有職焉有職於祭事自襄以來未之改也魯襄公若不會祝宗將曰吳實然言魯祝宗將告神云景伯不會坐吳所因吳人信鬼故以是恐之且謂魯不共而執其賤者七人何損焉大宰嚭言於王曰無損於魯而祗爲名適爲惡名不如歸之乃歸

景伯。吳申叔儀乞糧於公孫有山氏申叔儀吳大夫。公孫有山。魯大夫。舊相識曰。佩玉縈兮。余無所繫之縈然服飾備也。已獨無以繫佩。言吳王不恤下。○縈而捶反旨酒一盛兮。余與褐之父睨之一盛。一器也。睨。視也。褐。寒賤之人。言但得視。不得飲。○盛音成。又市政反睨五計反對曰。粱則無矣。麤則有之。若登首山以呼曰庚癸乎。則諾軍中不得出糧。故爲私隱。庚。西方。主穀。癸。北方。主水。傳言吳子不與士共飢渴。所以亡。○呼火故反王欲伐宋。殺其丈夫而囚其婦人以宋不會黃池故。言吳子悖惑大宰嚭曰。

可勝也。而弗能居也。乃歸。冬。吳及越平終伍貞之
言

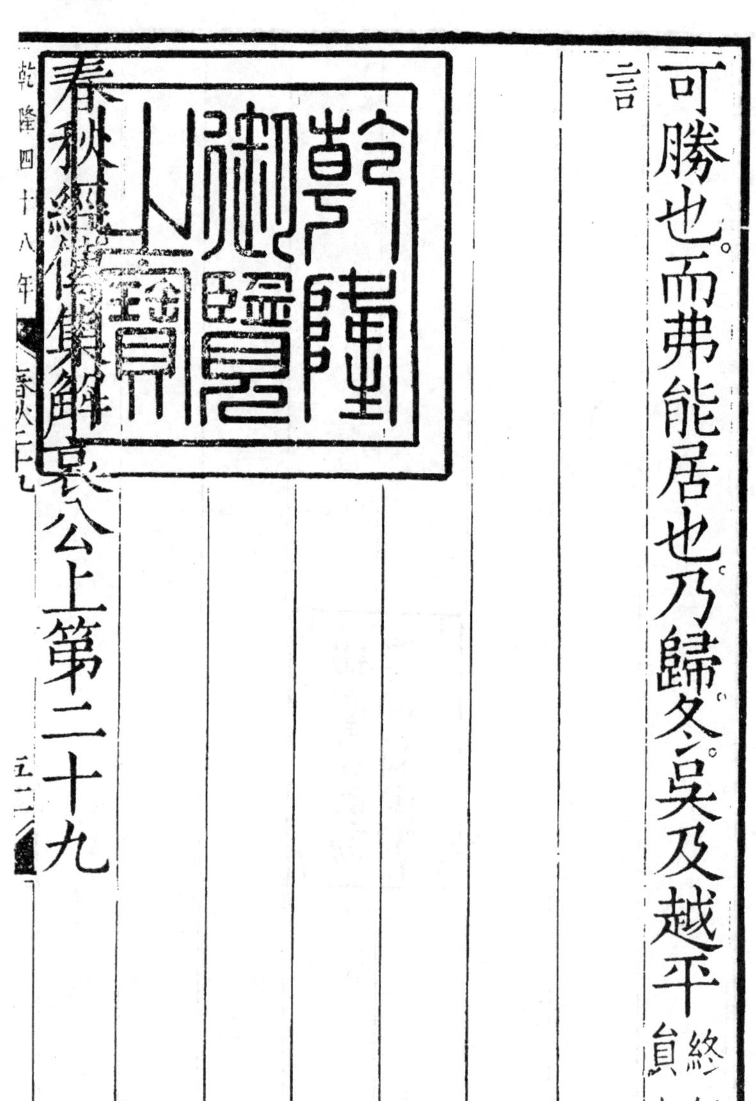

春秋經傳集解哀公上第二十九

相臺岳氏刻
梓荆谿家塾

舉人臣王錫奎敬書

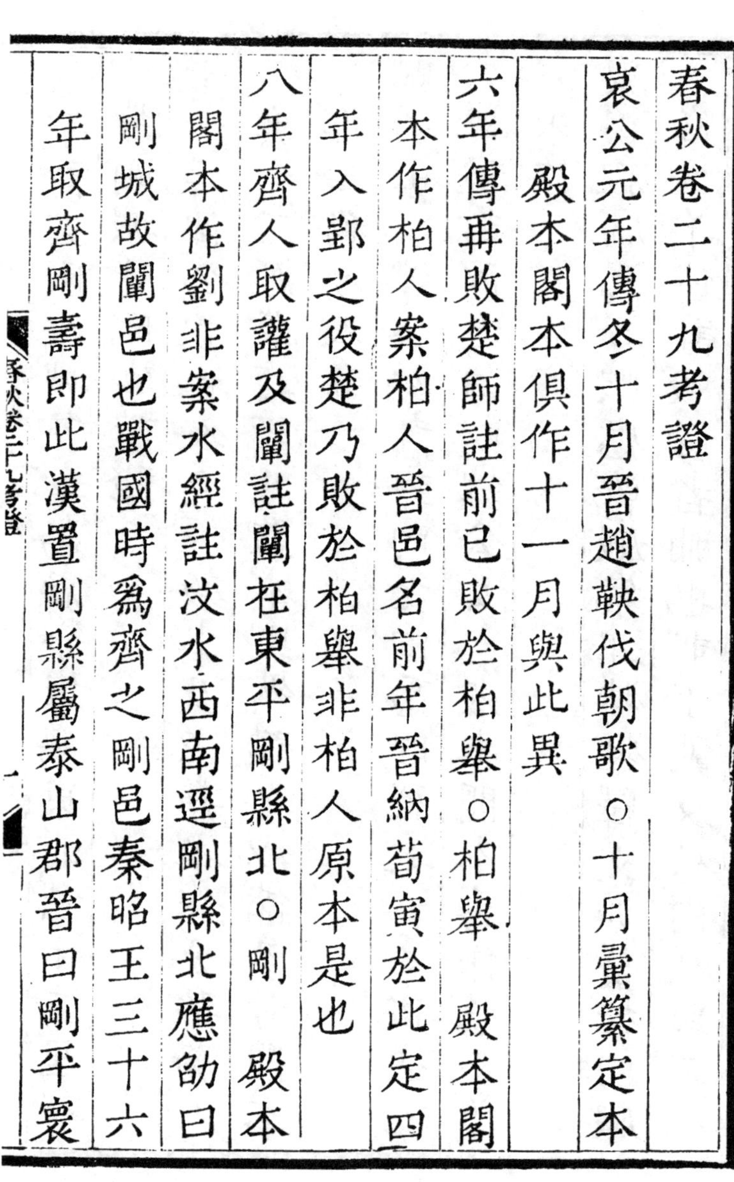

春秋卷二十九考證

哀公元年傳冬十月晉趙鞅伐朝歌○十月彙纂定本殿本閣本俱作十一月與此異

六年傳再敗楚師註前已敗於柏舉○柏舉殿本閣本作柏人案柏人晉邑名前年晉納荀寅於此定四年入郢之役楚乃敗於柏舉非柏人原本是也

八年齊人取讙及闡註闡在東平剛縣北○剛殿本閣本作劉非案水經註汶水西南逕剛縣北應劭曰剛城故闡邑也戰國時爲齊之剛邑秦昭王三十六年取齊剛壽即此漢置剛縣屬泰山郡晉曰剛平寰

宇記云剛故城在寧陽縣今寧陽東北三十五里有

故剛城皆剛字確證

十一年傳公叔務人○　殿本及正嘉本作公孫務人

案十三經義疑謂北監本則然識之以備參考閣本

作公務務人非

賦封田以嫁公女註封內之田悉賦稅之○悉猶概也

概稅封內之田以嫁公女　殿本閣本悉作急于義

未協

粱糗腶脯焉○腶應改腵案郊特牲釋文加薑桂曰腵

修公羊傳註腵修者脯也並丁亂反从肉从段不从

段从段者乃古鵶切集韻所謂腸疾者是

十二年公會衛侯宋皇瑗于鄖註廣陵海陵縣東南有發繇口○發繇口　殿本閣本杜林合註本作發繇亭

十三年公會晉侯及吴子于黄池註故史承而書之○史　殿本閣本作使非此史字指諸侯之史觀疏云諸侯之策承而書曰吴子可見且列國之史豈吴所能使之耶

傳以六邑爲虚註空虚之各不有○案六邑即彌作頃丘玉暢嵒戈錫也空虚之者仍置爲閒田也各不有

者宋鄭各不有也諸本作空虛之名不有于義未協

春秋經傳集解哀公下第三十

盡二十七年

經 西狩獲麟麟者仁獸聖王之嘉瑞也時無明王出而遇獲仲尼傷周道之不興感嘉瑞之無應故因魯春秋而脩中興之教絕筆於獲麟之一句所感而作固所以爲終也冬獵曰狩蓋虞人脩常職故不書狩者大野在魯西故言西狩得用曰獲 小邾射以句繹來奔射小邾大夫句繹地名春秋止於獲麟故射不在三叛人之數自此以下至十六年皆魯史記之文弟子欲存孔子卒故并録以續孔子所脩之經○射音亦句古侯反 夏四月齊陳恒執

其君寘于舒州。庚戌。叔還卒。無傳五月。庚申朔。日有食之。無傳陳宗豎出奔楚。無傳。○豎上主反宋向魋入于曹以叛。曹，宋邑。○向，舒亮反莒子狂卒。無傳。○狂，其廷反六月。宋向魋自曹出奔衛。宋向巢來奔。齊人弒其君壬于舒州。秋。晉趙鞅帥師伐衛。無傳○鞅，於丈反八月。辛丑。仲孫何忌卒。冬。陳宗豎自楚復入于陳。陳人殺之。無傳。○復，扶又反陳轅買出奔楚。無傳有星孛。無傳。不言所在，史失之饑。無傳傳。十四年。春。西狩於大野。叔孫氏之車子鉏商獲麟大野在高平鉅野縣東北。大澤是也。車子。微者。鉏商。名以爲不祥。以賜虞人時所未嘗見。故怪之。虞人。掌山澤之官仲尼觀之。曰。麟也。然後取之言魯史所以得書獲麟小邾射以句繹來奔。曰。使季路要我。吾無盟矣子路信誠故欲得與相要誓。而不須盟。孔子弟子。既續書魯策以繫於經。丘明亦隨而傳之。終於哀公。以卒前事。其異事則皆略而不傳。故此經無傳者多。○要。於妙反。又一遙反使子路。子路辭。季康子使冉有謂之。曰。千乘之國。不信其盟而信子之言。子何辱焉。對曰。魯有事于小邾。不敢問故。死其城下可也。彼不臣而濟其言。是義之也。由弗能也。濟。成。齊簡公之在魯也。闞止有寵焉。簡公。悼公陽生子壬也。闞止。子我也。事在六年。○闞。苦暫反。及即位。使爲政。陳成子憚之。驟顧諸朝。成子。陳常。心不安。故數顧之。諸御鞅言於公。鞅。齊大夫。曰。陳闞不可並也。君其擇焉。擇用一人。弗聽。子我夕。夕視事。陳逆殺人。逢之。陳逆。子行。陳氏宗也。子我逢之。遂執以入。執逆至朝。

陳氏方睦欲謀齊國。故宗族和使疾而遺之潘沐。備酒肉焉使詐病。因內潘沐。并得內酒肉。潘米汁。可以沐頭○遺去聲潘音翻饗守囚者。醉而殺之。而逃。子我盟諸陳於陳宗失陳逆。懼其反爲患。故盟之初陳豹欲爲子我臣豹亦陳氏族使公孫言己言己介達之已有喪而止。既而言之既終喪也曰。有陳豹者。長而上僂肩背僂○長如字又上聲僂力主反望視目望陽事君子必得志得君子意欲爲子臣。吾憚其爲人也恐多詐故緩以告。子我曰。何害。是其在我也使爲臣他日與之言政說遂有寵謂之曰我盡逐陳氏而立女若何對曰我遠於陳氏矣言已疏遠○說音悅女音汝遠如字又于萬反且其違者不過數人違不從也何盡逐焉遂告陳氏子行曰彼得君弗先必禍子子行舍於公宮子行逃而隱於陳氏令又隱於公宮夏五月壬申成子兄弟四乘如公成子之兄弟昭子莊簡子齒宣子夷穆子安廩丘子意茲芒子盈惠子得凡八人二人共一乘子我在幄幄帳也聽政之處出逆之遂入閉門成子

入。反閉門不納子我侍人禦之子我侍人子行殺侍人素在內。故得殺之公與婦人飲酒于檀臺。成子遷諸寢徙公使居正寢公執戈將擊之。疑其欲作亂大史子餘曰。非不利也。將除害也言將爲公除害成子出舍于庫以公怒故聞公猶怒。將出。曰。何所無君。子行抽劍曰。需事之賊也言需疑則害事誰非陳宗言陳氏宗族衆多所不殺子者。有如陳宗言子若欲出。我必殺子。明如陳宗乃止。子我歸。屬徒攻闈與大門闈。宮中小門。大門。公門也。○屬之欲反。皆不勝。乃出。陳氏追之。失道於弇中。適豐丘。弇中。狹路。豐丘。陳氏邑。〇弇於檢反。又音淹豐丘人執之以告。殺諸郭關。齊關名成子將殺大陸子方。子方。子我臣陳逆請而免之。以公命取車於道。子方取道中行人車及耏。衆知而東之。知其矯命。奪車逐使東。〇耏音而出雍門。齊城門也。〇雍於用反陳豹與之車。弗受。曰。逆爲余請。豹與余車。余有私焉。事子我而有私於其讎。何以見魯衛之士。傳言陳氏務施。〇施式豉反東郭賈奔衛（賈即子方）庚辰。陳恒執公于舒州。公曰。吾早從鞅之言。不及此（悔不誅陳氏）宋桓魋之寵害於公（恃寵驕盈）公使夫人驟請享焉。而將討之（夫人。景公母也。數請享飲。欲因請討之）未及。魋先謀公。請以鞌易薄（鞌。向魋邑。薄。公邑。欲因易邑。為公享宴而作亂）公曰。不可。薄宗邑也（宗廟所在）乃益鞌七邑。而請享公焉（僞喜於受賜）以日中為期。家備盡往（甲兵之備）公知之。告皇野曰。余長魋也（少長育之。皇野。司馬子仲。○長上聲）今將禍余。請即救司馬子仲曰有臣不順神之所惡也而況人乎。敢不承命不得左師不可左師向魋兄向巢也○惡去聲請以君命召之左師每食擊鐘聞鐘聲公曰夫子將食既食又奏奏樂公曰可矣以乘車往曰迹人來告主迹禽獸者曰逢澤有介麇焉地理志言逢澤在滎陽開封縣東北遠疑非介大也○麇九倫反獐也公曰雖魋未來得左師吾與之田若何皇野稱公命君憚告子難以遊戲煩大臣○難乃旦反下同野曰嘗私焉嘗試也君欲速故以乘車逆子與之乘至公告之故拜不能起司馬曰君與之言使公與要誓公曰所難子者上有天下有先君言雖誅魋要不負言使禍難及子對曰魋之不共宋之禍也敢不唯命是聽司馬請瑞焉瑞符節以發兵以命其徒攻桓氏桓氏向魋其父兄故臣曰不可司馬桓魋故臣無怨者與其新臣曰從吾君之命遂攻之子頎騁而告桓司馬子頎桓魋弟桓司馬即魋也頎音祈司馬欲入入攻君子車止之車亦魋弟曰不能

事君而又伐國民不與也祗取死焉向魋遂入于曹以叛哀八年宋滅曹以爲邑六月使左師巢伐之欲質大夫以入焉巢不能克魋恐公怒欲得國內大夫爲質還入國○質音致不能亦入于曹取質不能得大夫故入曹劫曹人子弟而質之欲以自固魋曰不可既不能事君又得罪于民將若之何乃舍之舍曹子弟○舍音赦又音捨民遂叛之向魋奔衛向巢來奔宋公使止之曰寡人與子有言矣不可以絶向氏之祀辭曰臣之

罪大盡滅桓氏可也若以先臣之故而使有後君之惠也若臣則不可以入矣司馬牛致其邑與珪焉而適齊牛桓魋弟也珪守邑符信向魋出於衛地公文氏攻之公文氏衛大夫求夏后氏之璜焉與之他玉而奔齊陳成子使爲次卿司馬牛又致其邑焉而適吳亦不與魋同吳人惡之而反趙簡子召之陳成子亦召之卒於魯郭門之外阬氏葬諸丘輿阬氏魯人也泰山南城縣西北有輿城錄其卒葬所

在。愍賢者失所。○惡，去聲。阬音坑，或音岡。甲午，齊陳恒弒其君壬于舒州。壬，簡公也。孔丘三日齊，而請伐齊三。公曰：魯爲齊弱久矣，子之伐之，將若之何？對曰：陳恒弒其君，民之不與者半。以魯之衆，加齊之半，可克也。公曰：子告季孫。孔子辭。辭不告。○日齊，音齋。三，如字，又去聲。退而告人曰：吾以從大夫之後也，故不敢不言。嘗爲大夫而去，故言後。初，孟孺子洩將圉馬於成。洩，孟懿子之子孟武伯也。圉，畜養也。成，孟氏邑。成宰公孫宿不受曰孟孫爲成之病不圉馬焉病謂民貧困○爲于僞反孺子怒襲成從者不得入乃反成有司使孺子鞭之恨恚故鞭成有司之使人○使去聲秋八月辛丑孟懿子卒成人奔喪弗內袒免哭于衢聽共弗許請聽命共使○內如字又音納共音恭懼不歸不敢歸成爲明年成叛傳

經十有五年春王正月成叛夏五月齊高無丕出奔北燕無傳鄭伯伐宋無傳秋八月大雩無傳晉趙鞅帥師伐衛無傳冬晉侯伐鄭無傳及齊平

魯與齊平衞公孟彄出奔齊無傳○彄苦侯反

傳十五年春成叛于齊武伯伐成不克遂城輸以偪成夏楚子西子期伐吳及桐汭宣城廣德縣西南有桐水出白石山西北入丹陽湖陳侯使公孫貞子弔焉弔爲楚所伐及良而卒良吳地將以尸入聘禮若賓死未將命則既斂於棺造於朝介將命吳子使大宰嚭勞且辭曰以水潦之不時無乃廩然隕大夫之尸廩然傾動貌○勞力報反以重寡君之憂寡君敢辭上介芋尹蓋對

蓋陳大夫貞子上介曰寡君聞楚爲不道荐伐吳國荐重也滅厥民人寡君使蓋備使弔君之下吏備猶副也○備使所吏反下同無祿使人逢天之慼大命隕隊絕世于良絕世猶言弃世廢日共積廢行道之日以共具殯斂所積聚之用○共音恭積子賜反又如字一日遷次一日便遷次不敢留君命今君命逆使人曰無以尸造于門是我寡君之命委于草莽也且臣聞之曰事死如生禮也於是乎有朝聘而終以尸將事之禮朝聘而道死則

以尸行事又有朝聘而遭喪之禮遭所聘之喪若不以
尸將命是遭喪而還也無乃不可乎以禮防
民猶或踰之今大夫曰死而弃之是弃禮也
其何以爲諸侯主謂主盟也先民有言曰無穢虐
士虐士死者備使奉尸將命苟我寡君之命達于
君所雖隕于深淵則天命也非君與涉人之
過也吳人內之傳言芋尹蓋知禮○內如字又音納秋齊陳瓘
如楚瓘陳恒之兄子玉也過衞仲由見之仲由子路○過音戈曰

天或者以陳氏爲斧斤。既斲喪公室。而他人有之。不可知也。其使終饗之。亦不可知也。饗受也。喪去聲 若善魯以待時。不亦可乎。何必惡焉。仲由事孔子。故爲魯言 子玉曰。然。吾受命矣。子使告我弟。弟。成子也 冬。及齊平。子服景伯如齊。子贛爲介。見公孫成。公孫成。成宰公孫宿也。贛與貢同 曰。人皆臣人。而有背人之心。況齊人。雖爲子役。其有不貳乎。言子叛魯。齊人亦將叛子 子。周公之孫也。多饗大利。猶思不義利不可得。而喪宗國。將焉用之喪宗國。謂以邑入齊。使魯有危亡之禍成曰。善哉。吾不早聞命傳言仲尼之徒皆忠於魯國陳成子館客使景伯子贛就館曰。寡君使恒告曰。寡人願事君如事衛君言衛與齊同好。而魯未肯景伯揖子贛而進之。對曰。寡君之願也。昔晉人伐衛在定八年齊為衛故。伐晉冠氏。喪車五百在定九年。冠氏。陽平館陶縣。○爲去聲冠如字。又古喚反因與衛地。自濟以西。禚媚杏以南。書社五百二十五家為一社。籍書而致之。○禚諸若反吳人加敝邑以亂在十八年齊因其病取讙與闡亦在八年寡君是以寒心若得視衛君之事君也則固所願也。成子病之乃歸成病其言也公孫宿以其兵甲入于嬴嬴齊邑衛孔圉取大子蒯聵之姊生悝孔圉孔文子也蒯聵姊孔伯姬。蒯苦怪反聵魚怪反悝苦回反下同孔氏之豎渾良夫長而美孔文子卒。通於內通伯姬。渾戶門反長上聲大子在戚孔姬使之焉。使良夫詣大子所使去聲又如字大子與之言曰苟使我入獲國服冕乘軒。三死無與。冕，大夫服。軒，大夫車。三死，死罪三。○與音預。與之盟。爲請於伯姬。良夫爲大子請。閏月，良夫與大子入，舍於孔氏之外圃。圃，園。昏，二人蒙衣而乘，二人，大子與良夫。蒙衣，爲婦人服也。○乘去聲，下同。寺人羅御，如孔氏。孔氏之老欒寧問之，稱姻妾以告。自稱昏姻家妾。遂入，適伯姬氏。既食，孔伯姬杖戈而先，大子與五人介，輿豭從之。介，被甲。輿豭，豚。欲以盟。迫孔悝於廁，強盟之，孔氏專政，故劫孔悝。欲令逐輒。○強上聲。遂劫以登臺欒寧將飲酒炙未熟聞亂使告季子季子子路也為孔氏邑宰○炙章夜反下同召獲駕乘車召獲衛大夫駕乘車言不欲戰○召上照反行爵食炙奉衛侯輒來奔季子將入遇子羔將出子羔衛大夫高柴孔子弟子將出奔曰門已閉矣季子曰吾姑至焉且欲至門子羔曰弗及不踐其難言政不及已可不須踐其難○難去聲下同季子曰食焉不辟其難謂食孔氏祿子羔遂出子路入及門公孫敢門焉守門曰無入為也言輒已出無為復入季子曰

是公孫也求利焉而逃其難由不然利其祿必救其患有使者出乃入因門開而入曰大子焉用孔悝雖殺之必或繼之言己必繼孔悝為難攻大子且曰大子無勇若燔臺半必舍孔叔大子聞之懼下石乞盂黶敵子路二子蒯聵黨敵當也○舍音捨又如字黶於減反以戈擊之斷纓子路曰君子死冠不免結纓而死不使冠在地○斷丁管反孔子聞衛亂曰柴也其來由也死矣孔悝立莊公莊公蒯聵也莊公害

故政欲盡去之。故政，輒之臣。○去，起呂反。先謂司徒瞞成曰：寡人離病於外久矣，子請亦嘗之。歸告褚師比，欲與之伐公，不果。比，褚師聲子。爲明年瞞成奔起。○瞞，莫干反。褚，中呂反。

經十有六年春王正月己卯，衛世子蒯聵自戚入于衛，衛侯輒來奔。書此春，皆從告。二月，衛子還成出奔宋。即瞞成。夏四月己丑，孔丘卒。仲尼既告老去位，猶書卒者，魯之君臣宗其聖德，殊而異之。魯襄二十二年生，至今七十三也。四月十八日乙丑。無己丑。己丑。五月十二日。日月必有誤。○孔子卒。孔子作春秋。終於獲麟之一句。公羊穀梁經是也。弟子欲記聖師之卒。故採魯史記。以續夫子之經。而終於此。丘明因隨而作傳。終於哀公。從此已下。無復經矣。魯襄二十二年生。至今七十三也

傳十六年。春。瞞成褚師比。出奔宋。欲伐莊公。不果而奔

衛侯使鄢武子告于周武子。衛大夫肸也。○鄢於晚反曰。蒯聵得罪于君父君母。逋竄于晉。晉以王室之故。不弃兄弟。寘諸河上。河上。戚也天誘其衷。獲嗣守封焉。使下臣肸。敢告執事。王使單平公對

曰肸以嘉命來告余一人往謂叔父余嘉乃成世復爾祿次敬之哉繼父之世還居君之祿次方天之休言天方授爾以休弗敬弗休悔其可追傳終蒯聵之事夏四月己丑孔丘卒公誄之曰旻天不弔不憖遺一老俾屏余一人以在位仁覆閔下故稱旻天弔至也憖且也俾使也屏蔽也○誄力軌反弔如字又音的憖魚覲反屏必領反煢煢余在疚嗚呼哀哉尼父無自律疚病也律法也言喪尼父無以自爲法○煢求營反子贛曰君其不沒於魯乎夫子之

言曰。禮失則昏。名失則愆。失志爲昏。失所爲愆。生不能用。死而誄之。非禮也。稱一人。非名也。天子稱一人。非諸侯之名。君兩失之。六月。衛侯飲孔悝酒於平陽。東郡燕縣東北有平陽亭。重酬之。大夫皆有納焉。納。財賄也。醉而送之。夜半而遣之。夜遣者。慙負孔悝。不欲令人見。載伯姬於平陽而行。載其母俱去。及西門。平陽門使貳車反祏於西圃。使副車還取廟主。西圃。孔氏廟所在。祏。藏主石函。○祏音石。子伯季子初爲孔氏臣。新登于公。升爲大夫請追之。遇載祏者。殺而乘其車。子伯殺載祏者許公為反祏。孔悝怪載祏者久不來使公為反逆之。○許公為人姓名遇之。曰與不仁人爭明。無不勝。不仁人謂子伯季子也。明無不勝言必勝必使先射。射三發。皆遠許為。許為射之殪。傳言子伯不仁。所以死也。○射食亦反。遠于萬反或以其車從。從公為得祏於櫜中。孔悝出奔宋。楚大子建之遇讒也。自城父奔宋。在昭十九年又辟華氏之亂於鄭。在昭二十年。○華戶化反鄭人甚善之。又適晉。與晉人謀襲鄭乃求復焉鄭人復之如初晉人使諜於子木請行而期焉請行襲鄭之期子木即建也○諜徒協反子木暴虐於其私邑邑人訴之鄭人省之得晉諜焉遂殺子木其子曰勝在吳子西欲召之葉公曰吾聞勝也詐而亂無乃害乎葉公子高沈諸梁也○葉始涉反子西曰吾聞勝也信而勇不爲不利舍諸邊竟使衛藩焉使爲藩屏之衛○竟音境藩方元反葉公曰周仁之謂信周親也率義之謂勇也率行吾聞

勝也好復言（言之所許必欲復行之不顧道理。好呼報反）而求死士。殆有私乎（私謀復讎）復言非信也。期死非勇也（期必也）子必悔之。弗從。召之。使處吳竟。爲白公（白。楚邑也。汝陰褒信縣西南有白亭）請伐鄭。子西曰。楚未節也（言楚國新復政令。猶未得節制）不然。吾不忘也。他日又請。許之。未起師。晉人伐鄭。楚救之。與之盟。勝怒曰。鄭人在此。讎不遠矣（比子西於鄭人）勝自厲劍。子期之子平見之。曰。王孫何自厲也。曰。勝以直聞。

不告女庸爲直乎將以殺爾父平以告子西子西曰勝如卵余翼而長之以鳥爲喻楚國第用士之次第我死令尹司馬非勝而誰勝聞之曰令尹之狂也得死乃非我言我必殺之若得自死我乃不復成人子西不悛勝謂石乞石乞勝之徒曰王與二卿士二卿士子西子期皆五百人當之則可矣乞曰不可得也五百人不可得曰市南有熊宜僚者若得之可以當五百人矣乃從白公而見之與之言說

告之故。辭。告欲作亂，宜僚辭距之。○說音悅承之以劍。不動。拔劍指其喉勝曰。不爲利諂。不爲威惕。不洩人言以求媚者。去之。吳人伐慎。白公敗之。汝陰慎縣也請以戰備獻。與吳戰之所得鎧杖兵器，皆備而獻之，欲因以爲亂。○鎧苦代反許之。遂作亂。秋七月。殺子西、子期于朝。而劫惠王。子西以袂掩面而死。慙於葉公子期曰。昔者吾以力事君。不可以弗終。抉豫章以殺人而後死。以效其多力。豫章，大木。○抉烏穴反石乞曰。焚庫弒王。

不然不濟。白公曰。不可。弑王不祥。焚庫無聚。將何以守矣。乞曰。有楚國而治其民。以敬事神。可以得祥。且有聚矣。何患。弗從。葉公在蔡。蔡遷州來。楚并其地方城之外皆曰。可以入矣。子高曰。吾聞之。以險徼幸者。其求無饜。偏重必離。險猶惡也。所求無饜則不安。譬如物偏重則離敗。欲須其釁而討之。○徼古堯反。饜於豔反聞其殺齊管脩也。而後入。管脩。楚賢大夫。故齊管仲之後。聞其殺賢。知其可討白公欲以子閭爲王。子閭。平王子。子啓。五辭王者子闔不可遂劫以兵子閭曰王孫若安靖楚國匡正王室而後庇焉啓之願也敢不聽從若將專利以傾王室不顧楚國有死不能（不能從）遂殺之而以王如高府（高府楚別府）石乞尹門（爲門尹）圉公陽穴宮負王以如昭夫人之宮（公陽楚大夫昭夫人王母越女）葉公亦至及北門或遇之曰君胡不胄國人望君如望慈父母焉盜賊之矢若傷君是絕民望也若之何不胄乃胄而進又

遇一人曰。君胡胄。國人望君。如望歲焉。歲。年穀也日日以幾。冀君來。幾音冀若見君面。是得艾也。艾。安也。艾音乂。又音礙民知不死。其亦夫有奮心。猶將旌君以徇於國。旌。表也。夫如字。又音扶而又掩面以絕民望。不亦甚乎。乃免胄而進。言葉公得民心遇箴尹固。帥其屬將與白公。欲與白公弁子高曰。微二子者。楚不國矣。二子。子西子期也。柏舉之敗。二子功多弃德從賊。其可保乎。乃從葉公。使與國人以攻白公。白公奔山而縊其徒微之微匿也○與如字一作興謂興廢也生拘石乞而問白公之死焉對曰余知其死所而長者使余勿言長者謂白公也曰不言將亨乞曰此事也克則爲卿不克則亨固其所也何害乃亨石乞王孫燕奔頯黃氏燕勝弟頯黃吳地○燕烏賢反又烏練反頯求龜反沈諸梁兼二事二事令尹司馬國寧寧安也乃使寧爲令尹子西之子子國也使寬爲司馬子期之子而老於葉傳終言之衛侯占夢嬖人以能占夢見愛求酒於

大叔僖子僖子大叔遺不得與卜人比而告公曰託占卜夢而言。去上聲君有大臣在西南隅弗去懼害乃逐大叔遺遺奔晉衛侯謂渾良夫曰吾繼先君而不得其器若之何國之寶器輒皆將去良夫代執火者而言將密謀屏左右曰疾與亡君皆君之子也召之而擇材焉可也召輒若不材器可得也輒若不材可廢其身因得其器豎告大子大子疾大子使五人輿豭從己劫公而强盟之盟求必立己。强其丈反且請

殺良夫。公曰。其盟免三死盟在十五年曰。請三之後有罪殺之。公曰。諾哉

傳。十七年。春。衛侯爲虎幄於藉圃於藉田之圃。新造幄幕。皆以虎獸爲飾成。求令名者。而與之始食焉。大子請使良夫以良夫應爲令名良夫乘衷甸兩牡衷甸一轅。卿車。○(甸)時證反。説文作佃。一轅車也紫衣狐裘紫衣君服至。袒裘不釋劍而食食而熱。故偏袒。亦不敬大子使牽以退。數之以三罪而殺之三罪。紫衣。袒裘。帶劍三月。越子伐吳。

吳子禦之笠澤，夾水而陳。越子爲左右句卒，句卒，鉤伍相著，別爲左右屯。○陳，直覲反。句，古侯反。著，直略反。使夜或左或右，鼓譟而進。吳師分以禦之。越子以三軍潛涉，當吳中軍而鼓之，吳師大亂，遂敗之。左右句卒爲聲勢以分吳軍，而三軍精卒并力擊其中軍，故得勝也。○并，如字，又必政反。晉趙鞅使告于衞曰："君之在晉也，志父爲主。請君若大子來，以免志父。不然，寡君其曰志父之爲也。"恐晉君謂志父教使不來。衞侯辭以難。大子又使椓之椽訴父欲速得其處難乃旦反椽中角反○夏六月趙鞅圍衛。齊國觀陳瓘救衛國觀國書之子觀工喚反○得晉人之致師者子玉使服而見之釋囚服服其本服曰國子實執齊柄而命瓘曰無辟晉師豈敢廢命欲必敵晉子又何辱言不須來致師自將往戰簡子曰我卜伐衛未卜與齊戰乃還畏子玉楚白公之亂陳人恃其聚而侵楚聚積聚也積子賜反○楚既寧將取陳麥楚子問帥於大師子穀與葉公諸梁子穀曰右領差車與左史老皆相令尹司馬以伐陳。其可使也言此二人皆嘗輔相子西子期伐陳令復可使子高曰率賤民慢之懼不用命焉右領左史皆楚賤官。（率）所類反子穀曰觀丁父鄀俘也武王以爲軍率楚武王（鄀）音若是以克州蓼服隨唐大啓羣蠻彭仲爽申俘也文王以爲令尹實縣申息楚文王滅申息以爲縣朝陳蔡封畛於汝開封畛北至汝水。（畛）之忍反一音眞唯其任也何賤之有子高曰天命不諂諂疑也。（諂）本又作滔佗刀反令尹有憾於陳十五年。子西伐吳。陳使貞子弔吳。以此爲恨天若亡之其必令尹之子是與君盍舍焉舍右領與左史。音捨。又音赦㊔臣懼右領與左史有二俘之賤而無其令德也王卜之武城尹吉武城尹。子西子。公孫朝使帥師取陳麥陳人御之敗遂圍陳秋七月己卯楚公孫朝帥師滅陳終鄭裨竈言。五及鶉火陳卒亡王與葉公枚卜子良以爲令尹枚卜不斥言所卜以令龜子良。惠王弟沈尹朱曰吉過於其志志。望也葉公曰王子而相國過將何爲過相將爲王也他日改卜子國而使爲令尹子國甯也衛侯夢于北宮見人登昆吾之觀衛有觀在古昆吾之虛今濮陽城中。觀工喚反虛去魚反被髮北面而譟曰登此昆吾之虛緜緜生之瓜緜緜瓜初生也良夫言已有以小成大之功若瓜之初生謂使衛侯得國余爲渾良夫叫天無辜本盟當免三死而并數一時之事爲三罪殺之故自謂無辜。并必政反公親筮之胥彌赦占之赦衛筮史曰不害與之邑寘之而逃奔宋言衛侯無道卜人不敢以實對懼難而逃也。○難，乃旦反，下同。衛侯貞卜（正卜夢之吉凶）其繇曰：如魚竀尾（竀，赤也。魚勞則尾赤。○繇，直又反。竀，勑呈反），衡流而方羊裔焉（橫流方羊，不能自安。裔，水邊。言衛侯將若此魚。○衡，華盲反，又如字。方，蒲郎反）。大國滅之，將亡。闔門塞竇，乃自後踰（此皆繇辭）。冬十月，晉復伐衛（春伐未得志故。○復，扶又反），入其郛，將入城。簡子曰：止。叔向有言曰：怙亂滅國者無後（不欲乘人之衰）。衛人出莊公而與晉平，晉立襄公之孫般師而還。十一月，衛侯自鄄入，般師出（辟蒯聵也）。

○般音班鄄音絹初公登城以望見戎州戎州戎邑問之以告公曰我姬姓也何戎之有焉言姬姓國何故有戎邑翦之翦壞其邑聚公使匠久久不休息公欲逐石圃石圃衛卿石惡從子○從去聲未及而難作辛巳石圃因匠氏攻公公閉門而請弗許踰于北方而隊折股終如卜言乃自後踰○隊音墜折之設反戎州人攻之大子疾公子青踰從公青疾弟戎州人殺之公入于戎州己氏己氏戎人姓○己音紀又音祀初公自城上見己氏

之妻髮美使髡之以爲呂姜髢（呂姜，莊公夫人。髢，髲也。○髢，大計反，又庭計反。髲，皮義反）既入焉而示之璧曰活我吾與女璧已氏曰殺女璧其焉往遂殺之而取其璧衛人復公孫般師而立之十二月齊人伐衛衛人請平立公子起（起，靈公子。○女音汝）執般師以歸舍諸潞（潞，齊邑）公會齊侯盟于蒙（齊侯，簡公弟平公敖也。蒙在東莞蒙陰縣西，故蒙陰城也。○敖如字，一作驁，五報反。莞音官）孟武伯相齊侯稽首公拜齊人怒武伯曰非天子寡君無所稽首。武伯問於高柴曰。諸侯盟誰執牛耳。執牛耳尸盟者季羔曰。鄫衍之役。吴公子姑曹。季羔。高柴也。鄫衍在七年。○衍以善反發陽之役。衛石魋。發陽。鄖也。在十二年。石魋。石曼姑之子。○魋徒回反武伯曰。然則彘也。彘。武伯名也。鄫衍則大國執。發陽則小國執。據時。執者無常。故武伯自以為可執宋皇瑗之子麇。瑗。宋右師。○瑗音院。麇九倫反有友曰田丙。而奪其兄鄖般邑以與之。鄖般愠而行。告桓司馬之臣子儀克。克在下邑。不與魋亂。故在○鄖仕咸反。愠紆問反子儀克適宋。告夫人曰。麇將納桓氏。公問諸子仲。子仲。皇野。初。子仲將以杞姒之子非我爲子。爲適子。杞姒。子仲妻。○適音的麇曰。必立伯也。伯非我兒是良材。子仲怒。弗從。故對曰。右師則老矣。不識麇也。言右師老則不能爲亂。麇不可知公執之。執麇皇瑗奔晉。召之。召令還

傳。十八年。春。宋殺皇瑗。公聞其情。復皇氏之族。使皇緩爲右師。言宋景公無常也。緩。瑗從子。○緩戶管反巴人伐楚。圍鄾。鄾。楚邑初。右司馬子國之卜也。觀瞻

曰如志子國未爲令尹時卜爲右司馬得吉兆如其志觀瞻楚開卜大夫觀從之後故命之命以爲右司馬及巴師至將卜帥王曰寧如志何卜焉寧子國也使帥師而行請承承佐王曰寢尹工尹勤先君者也柏舉之役寢尹吳由于以背受戈工尹固執燧象奔吳師皆爲先君勤勞三月楚公孫寧吳由于薳固敗巴師于鄾故封子國於析君子曰惠王知志知用其意夏書曰官占唯能蔽志昆命于元龜逸書也官占卜筮之官蔽斷也昆後也言當先斷意後用龜也其是之謂乎

志曰聖人不煩卜筮惠王其有焉不疑故不卜也夏衛石圃逐其君起起奔齊齊所立故衛侯輒自齊復歸逐石圃而復石魋與大叔遺皆蒯聵所逐

傳十九年春越人侵楚以誤吳也誤吳使不爲備夏楚公子慶公孫寬追越師至冥不及乃還冥越地秋楚沈諸梁伐東夷報越三夷男女及楚師盟于敖從越之夷三種敖東夷地冬叔青如京師敬王崩故也言敬王能終其世終萇弘言東王必大克叔青叔還子

傳二十年春齊人來徵會夏會于廩丘為鄭故謀伐晉十五年晉伐鄭○為去聲下為降同鄭人辭諸侯秋師還終叔向言晉公室卑吳公子慶忌驟諫吳子曰不改必亡弗聽吳子弗聽出居于艾艾吳邑豫章有艾縣遂適楚聞越將伐吳冬請歸平越遂歸欲除不忠者以說于越吳人殺之言其不量力○說如字又音悅十一月越圍吳趙孟降於喪食趙孟襄子無恤時有父簡子之喪楚隆曰三年之喪親暱之極也主又降之無

乃有故乎楚隆襄子家臣趙孟曰黃池之役先主與吳王有質黃池在十三年先主簡子質盟信也〇質如字曰好惡同之今越圍吳嗣子不廢舊業而敵之嗣子襄子自謂欲敵越救吳非晉之所能及也吾是以爲降楚隆曰若使吳王知之若何趙孟曰可乎隆曰請嘗之嘗試也乃往先造于越軍曰吳犯閒上國多矣聞君親討焉諸夏之人莫不欣喜唯恐君志之不從請入視之許之告于吳王曰寡

君之老無恤使陪臣隆敢展謝其不共展陳也○黄池之役君之先臣志父得承齊盟間去聲共音恭曰好惡同之今君在難無恤不敢憚勞非晉國之所能及也使陪臣敢展布之王拜稽首曰寡人不佞不能事越以爲大夫憂拜命之辱與之一簞珠簞小笥○難乃旦反使問趙孟問遺也○遺唯季反曰句踐將生憂寡人寡人死之不得矣王曰溺人必笑吾將有問也以自喻所問不急猶溺人不知所爲

而反笑。句古侯反史黯何以得爲君子晉史黯云。不及四十年。吳當亡。吳王感問此也對曰。黯也進不見惡時行則行退無謗言時止則止王曰。宜哉

傳。二十一年。夏五月。越人始來越既勝吳。欲霸中國。始遣使適魯秋。八月。公及齊侯。邾子。盟于顧。齊人責稽首責十七年齊侯爲公稽首不見荅。顧。齊地因歌之曰。魯人之皐。數年不覺。使我高蹈皐。緩也。高蹈猶遠行也。言魯人皐緩。數年不知荅齊稽首。故使我高蹈。來爲此會。○數所主反覺音角。又古孝反唯其儒

書以爲二國憂（二國，齊邾也。言魯據周禮，不肯荅稽首，令齊邾遠至）。是
行也，公先至于陽穀（先期至也。○先，悉薦反）。齊閭丘息
曰：君辱舉玉趾，以在寡君之軍（息，閭丘明之後），羣臣
將傳遽以告寡君，比其復也，君無乃勤，爲僕
人之未次（次，舍也。○傳，中戀反。比，必利反。爲，于僞反。下注同），請除館
於舟道（舟道，齊地）。辭曰：敢勤僕人（不敢勤齊僕爲魯除館）。
傳二十二年夏四月，邾隱公自齊奔越，曰：吳
爲無道，執父立子，越人歸之，大子革奔越（邾隱

（公八年爲吳所囚。十年奔齊）冬。十一月。丁卯。越滅吳。請使吳王居甬東。（甬東。越地。會稽句章縣東海中洲也。○甬音勇。句九具反。又音拘）辭曰。孤老矣。焉能事君。乃縊。越人以歸。（以其尸歸。終史墨、子胥之言也）

傳。二十三年。春。宋景曹卒。（景曹。宋元公夫人。小邾女。季桓子外祖母）季康子使冉有弔。且送葬。曰。敝邑有社稷之事。使肥與有職競焉。（肥。康子名。競。遽也。○與音預）是以不得助執紼。使求從輿人。（求。冉有名。輿衆也）曰。以肥之得備彌甥也。彌，遠也。康子父之舅氏，故稱彌甥。有不腆先人之産馬，使求薦諸夫人之宰，薦，進也。其可以稱旌繁乎？稱，舉也。繁，馬飾繁纓也。終樂祁之言政在季氏。○繁，步干反。

夏，六月，晉荀瑤伐齊，荀瑤，荀躒之孫知伯襄子。○知，音智。高無平帥師御之。知伯視齊師，馬駭，遂驅之，曰：齊人知余旗，其謂余畏而反也。及壘而還。將戰，長武子請卜。武子，晉大夫。○御，魚呂反。知伯曰：君告于天子，而卜之以守龜於宗祧，吉矣，吾又何卜焉？且齊人取我英丘。君命瑤。非敢耀武也。治英丘也。治齊取英丘。○守，手又反。以辭伐罪足矣。何必卜。壬辰。戰于犂丘。犂丘，隰也。齊師敗績。知伯親禽顏庚。顏庚，齊大夫顏涿聚。○涿，丁角反。秋八月。叔青如越。始使越也。越諸鞅來聘。報叔青也。○使，所吏反。

傳二十四年夏四月。晉侯將伐齊。使來乞師。曰。昔臧文仲以楚師伐齊。取穀。在僖二十六年。宣叔以晉師伐齊。取汶陽。在成二年。寡君欲徼福於周公頎乞靈於臧氏以臧氏世勝齊故欲乞其威靈臧石帥師會之取廩丘石臧賓如之子軍吏令繕將進晉軍吏也繕治戰備萊章曰君卑政暴萊章齊大夫往歲克敵禽顏庚今又勝都取廩丘天奉多矣又焉能進是躗言也躗過也○躗戶快反謂過謬之言服云僞不信言也役將班矣晉師乃還餼臧石牛生曰餼大史謝之曰以寡君之在行在軍行牢禮不度不如禮度敢展謝之終臧氏有後於魯邾子又無道越人執之以歸終子贛之言

而立公子何何亦無道何大子革弟公子荆之母嬖荆哀公庶子將以爲夫人使宗人釁夏獻其禮宗人禮官也對曰無之公怒曰女爲宗司立夫人國之大禮也何故無之對曰周公及武公娶於薛武公敖也孝惠娶於商孝公稱惠公弗皇商宋也○稱尺證反又如字自桓以下娶於齊桓公始娶文姜此禮也則有若以妾爲夫人則固無其禮也公卒立之而以荆爲大子國人始惡之惡公○惡烏路反閏月公如

越得大子適郢。適郢。越王大子。得。相親說也 適郢。越王句踐大子名將妻公。而多與之地。公孫有山使告于季孫。季孫懼。使因大宰嚭而納賂焉。乃止嚭。故吳臣也。季孫恐公因越討己。故懼 ○(妻)七計反(嚭)普美反

傳。二十五年。夏五月。庚辰。衛侯出奔宋衛侯輒也衛侯為靈臺于藉圃。與諸大夫飲酒焉。褚師聲子韤而登席古者見君解韤(韤)亡伐反。足衣也 ○ 公怒。辭曰。臣有疾異於人足有創疾若見之。君將㱿之㱿。嘔吐也

○㲉許角反是以不敢不敢解韈公愈怒大夫辭之不可共辭謝公公不可解褚師出公戟其手抵徙手屈肘如戟形○抵音紙曰必斷而足聞之褚師與司寇亥乘曰今日幸而後亡恐死以得亡爲幸○斷丁管反乘繩證反公之入也奪南氏邑南氏子南之子公孫彌牟而奪司寇亥政公使侍人納公文懿子之車于池懿子公文要公有忿使人投其車于池水中初衛人翦夏丁氏在十一年以其帑賜彭封彌子彭封彌子彌子瑕○帑音奴彌子飲公酒納夏戊

之女嬖以爲夫人其弟期大叔疾之從孫甥也期夏戊之子妹之孫爲從孫甥與孫同列○飲衣鳩反少畜於公以爲司徒夫人寵衰期得罪公使三匠久公使優狡盟拳彌優狡俳優也拳彌衛大夫使俳優盟之欲恥辱也而甚近信之故褚師比韈登席者公孫彌牟喪邑者公文要失車者司寇亥奪政者司徒期因三匠與拳彌以作亂皆執利兵無者執斤斤工匠所執使拳彌入于公宮信近之故得入而自大子疾之宮譟以攻

公。鄄子士請御之鄄子士。衛大夫。○鄄音絹彌援其手曰。子則勇矣將若君何言不可救。○援音袁不見先君乎君何所不逞欲先君蒯聵也。亂不速奔。故為戎州所殺。欲令早去且君嘗在外矣豈必不反當今不可衆怒難犯。休而易閒也乃出將適蒲蒲。近晉邑彌曰晉無信不可將適鄄鄄。齊晉界上邑。彌詐不知謀。故公信之彌曰齊晉爭我不可將適泠泠。近魯邑彌曰魯不足與請適城鉏城鉏。近宋邑以鉤越越有君宋南近越。轉相鉤牽乃適城鉏。彌曰衛盜不可知也請速。自我始乃載寶以歸欺衛君。言君以寶自隨。將致衛盜。請速行。己爲先發。而同載寶歸衛也公爲支離之卒支離。陳名因祝史揮以侵衛揮。衛祝史衛人病之。懿子知之知揮爲內閒見子之子之。公孫彌牟文子也請逐揮。文子曰無罪。懿子曰彼好專利而妄妄。不法夫見君之入也將先道焉若見君有入勢必道助之若逐之必出於南門。而適君所雖知其爲君閒。不審察。私共評之夫越新得諸侯將必請師焉揮在

朝。使吏遣諸其室難面逐之。先逐其家。難去聲揮出信弗

內再宿為信。如字。又音納內五日乃館諸外里外里。公所在

遂有寵使如越請師請師伐衛求入六月。公至自越

前年行。今還季康子。孟武伯逆於五梧魯南鄙也郭重

僕為公僕。平聲。又去聲重見二子曰。惡言多矣君請盡

之二子不臣之言甚多。欲使公盡極以觀之公宴於五梧。武伯為

祝祝。上壽酒惡郭重曰。何肥也。訾毀其貌惡去聲季孫曰。

請飲彘也飲。罰之以魯國之密邇仇讎。臣是以

不獲從君克免於大行又謂重也肥言重隨君遠行劬勞不宜稱肥公曰是食言多矣能無肥乎以激三桓之數食言飲酒不樂公與大夫始有惡爲二十七年公孫邾起

傳二十六年夏五月叔孫舒帥師會越皐如后庸宋樂茷納衛侯舒武叔之子文子也皐如后庸越大夫樂茷宋司城子潞衛侯輒也○茷扶廢反文子欲納之懿子曰君愎而虐少待之必毒於民愎很也○愎皮逼反乃睦於子矣民睦師侵外州大獲越納輒之師出禦之大敗衛師

敗。掘褚師定子之墓，焚之于平莊之上。定子，褚師比之父也。平莊，陵名也。文子使王孫齊私於皋如，齊，衛大夫。王孫賈之子昭子也。曰：「子將大滅衛乎，抑納君而已乎？」皋如曰：「寡君之命無他，納衛君而已。」文子致衆而問焉，曰：「君以蠻夷伐國，國幾亡矣，請納之。」衆曰：「勿納。」曰：「彌牟亡而有益，請自北門出。」欲以觀衆心。幾音祈，又音機。衆曰：「勿出。」重賂越人，申開守陴而納公。申，重也。開重門而嚴設守備，欲以恐公，使不敢入。守，手又反。

不敢入。師還。立悼公悼公，蒯聵庶弟公子黚也。○黚，起廉反南氏相之。以城鉏與越人。公曰。期則為此司徒期也令苟有怨於夫人者報之夫人，期姊也。怨期而不得加戮，故勑宮女令苦困期姊司徒期聘於越為悼公聘公攻而奪之幣。期告王越王也王命取之。期以眾取之。公怒。殺期之甥之為大子者忿期而及其姊為夫人者。遂復及夫人之子遂卒于越終言之也。終效夷言死于夷宋景公無子。取公孫周之子得與啟。畜諸公宮周，元公孫子高也。得，昭公也。啓。得。鳥。畜。養也未有立焉。於是皇緩爲右師。皇非我爲大司馬。皇懷爲司徒。皇懷。非我從昆弟靈不緩爲左師不緩。子靈圍龜之後樂茷爲司城。茷。樂溷之子溷戶門反又戶困反樂朱鉏爲大司寇朱鉏。樂輓之子。輓晉晚六卿三族降聽政三族。皇。靈。樂也。降。和同也因大尹以達大尹。近官有寵者。六卿因之以自通達於君大尹常不告。而以其欲稱君命以令不告君也國人惡之。司城欲去大尹。左師曰。縱之使盈其罪。盈。滿也重而無基。能無敝乎言勢重而無德以爲基。必敗也冬，十月，公游于空澤。空澤，宋邑。辛巳，卒于連中。連中，館名。○連如字，又音輦。大尹興空澤之士千甲，甲士千人。奉公自空桐入，如沃宮。奉公尸也。梁國虞縣東南有地名空桐。沃宮，宋都內宮名。使召六子曰：聞下有師，君請六子畫。畫，計策。六子至，以甲劫之，曰：君有疾病，請二三子盟。乃盟于少寢之庭，曰：無爲公室不利。大尹立啓，奉喪殯于大宮。三日，而後國人知之。司城茷使宣言于國曰：大尹惑蠱其君而專其利。令君無疾而死。死又匿之。是無他矣。大尹之罪也。言大尹所弑 得夢啓北首而寢於盧門之外。盧門。宋東門。北首。死象。在門外。失國也。○首。手又反 已爲烏而集於其上。咮加於南門。尾加於桐門。曰。余夢美。必立。桐門。北門。○咮。張又反。烏口 大尹謀曰。我不在盟。少寢盟。但以君命盟六卿。大尹不盟 無乃逐我。復盟之乎。使祝爲載書。六子在唐盂地名 將盟之。祝襄以載書告皇非我。襄。祝名。○復。扶又反 皇非我因子潞。于、潞。樂茷門尹得樂得左師謀曰。民與我逐之乎。皆歸授甲。使徇于國曰。大尹惑蠱其君。以陵虐公室。與我者。救君者也。衆曰。與之。大尹徇曰。戴氏皇氏將不利公室。戴氏。即樂氏與我者無憂不富。衆曰。無別。惡其號令與君無別。〇別彼列反戴氏皇氏欲伐公公。謂啓樂得曰。不可。彼以陵公有罪。我伐公則甚焉。使國人施于大尹施罪於大尹大尹奉啓以奔楚。乃立得。司城為上卿。盟曰。三族共政。無相害也。衛出公自城鉏使以弓問子贛。且曰。吾其入乎。子贛稽首受弓對曰臣不識也。私於使者曰。昔成公孫於陳僖二十八年。衛成公奔楚。遂適陳。孫音遜甯武子孫莊子爲宛濮之盟。而君入盟在僖二十八年。宛於阮反濮音卜。獻公孫於齊在襄十四年子鮮子展爲夷儀之盟而君入在襄二十六年今君再在孫矣謂十五年孫魯。今又孫宋內不聞獻之親。外不聞成之卿。則賜不識所由入也。詩曰無

競惟人。四方其順之。詩周頌。言無強惟得人也。若得其人。四方以爲主。爲主。主四方。而國於何有

傳二十七年。春。越子使后庸來聘。且言邾田。封于駘上。欲使魯還邾田。封竟至駘上。○駘他來反。又音臺。二月。盟于平陽。西平陽。三子皆從。季康子。叔孫文子。孟武伯。皆從后庸盟。康子病之。耻從蠻夷盟。言及子贛。思子贛。曰。若在此。吾不及此夫。不及與越盟。武伯曰。然。何不召。曰。固將召之。文子曰。他日請念。言季孫不能用子贛。臨難而思之。

夏四月己亥，季康子卒。公弔焉，降禮。禮不備也。言公之多安。晉荀瑤帥師伐鄭，次于桐丘。鄭駟弘請救于齊。弘，駟歂子。齊師將興，陳成子屬孤子三日朝，屬會死事者之子，使朝三日，以禮之。○屬音燭。設乘車兩馬，繫五邑焉。乘車兩馬，大夫服，又加之五邑。召顏涿聚之子晉，曰：「隰之役，而父死焉，隰役在二十三年。○涿，中角反。以國之多難，未女恤也。今君命女以是邑也，服車而朝，毋廢前勞。」乃救鄭。及留舒，違穀七里，穀人不知。

言其整也。留舒。齊地。違。去也。及濮。雨不涉。濮水在陳留酸棗縣。傍河東北經濟陰。至高平入濟。子思曰。大國在敝邑之宇下。是以告急。今師不行。恐無及也。子思。國參。成子衣製杖戈。製。雨衣也。○子衣於既反。製音制。立於阪上。馬不出者。助之鞭之。知伯聞之。乃還。畏其得衆心。○阪音反。一扶坂反。曰。我卜伐鄭。不卜敵。齊使謂成子曰。大夫陳子。陳之自出。陳之不祀。鄭之罪也。十七年楚獨滅陳。非鄭之罪。蓋知伯誣陳子。故陳子怒。謂其多陵人。故寡君使瑤察陳衷焉。

衷善也謂大夫其恤陳乎若利本之顛瑤何有焉言陳滅於已無傷成子怒曰多陵人者皆不在知伯其能久乎中行文子告成子文子荀寅此時奔在齊行户郎反曰有自晉師告寅者將爲輕車千乘以厭齊師之門則可盡也成子曰寡君命恒曰無及寡無畏衆雖過千乘敢辟之乎將以子之命告寡君成子疑其有爲晉之心也輕遣政反厭於甲反又於輒反文子曰吾乃今知所以亡自恨已無知君子之謀

也。始衷終皆舉之。而後入焉 謀一事則當慮此三變。然後入而行之。所謂君子三思 今我三不知而入之。不亦難乎 悔其言不可復 公患三桓之侈也。欲以諸侯去之 欲求諸侯師以逐三桓。㊀去起呂反。下而去同 三桓亦患公之妄也。故君臣多閒 閒。隙也 公游于陵阪。遇孟武伯於孟氏之衢。曰。請有問於子。余及死乎 問已可得以壽死不 對曰。臣無由知之。三問。卒辭不對。公欲以越伐魯而去三桓。秋。八月。甲戌。公如公孫有陘氏有陘氏即有山氏因孫于邾。乃遂如越。國人施公孫有山氏以公從其家出故也。終子贛之言君不没於魯。因孫音遜悼之四年晉荀瑶帥師圍鄭悼公。哀公之子寧也。哀公出孫。魯人立悼公未至。鄭駟弘曰。知伯愎而好勝。早下之。則可行也行。去也乃先保南里以待之保。守也。南里在城外知伯入南里。門于桔柣之門。鄭人俘酅魁壘酅魁壘。晉士。桔戶結反柣大結反酅戶圭反賂之以知政欲使反爲鄭閉其口而死。將門攻鄭門知伯謂趙孟入之。

對曰。主在此。主。謂知伯也。言主在此。何不自入 知伯曰。惡而無勇。何以爲子。惡。貌醜也。簡子廢嫡子伯魯而立襄子。故知伯言其醜且無勇。何故立以爲子。對曰。以能忍恥。庶無害趙宗乎。知伯不悛。趙襄子由是惎知伯。惎。毒也。惎其冀反 遂喪之。知伯貪而愎。故韓魏反而喪之。史記。晉懿公之四年。魯[illegible]年。知伯帥韓魏圍趙襄子於晉[illegible]趙氏謀。殺知伯於晉陽之下。在春秋[illegible]七年[illegible]

春秋經傳集解襄公下第三十

哀二十七年

春秋卷三十考證

十四年傳而遺之潘沐註米汁可以沐頭○沐頭坊本閣本作浴頭案說文沐濯髮也浴灑身也天官疏沐用潘浴用湯則沐浴字不可誤用

十六年傳方天之休註言天方受爾以休○受林氏直解作授于文義爲順今據改

十七年傳志父之爲也註恐君謂志父教使不來○殿本閣本謂作爲來作一義不可解

沈尹朱曰吉過于其志○案吉謂所枚卜之兆也過于其志謂爵位過其所望閣本坊本吉作言則解似大

言不慚之意誤甚

發陽之役註發陽鄅也○案此鄅乃吳地二年公會宋皇瑗于鄖即此故註云鄖也　殿本閣本作鄖地則嫌于楚附庸之鄖不可不辨

而奪其兄鄎般邑○案說文鄎宋地从邑聲他本从力作鄎非

二十一年傳惟其儒書以爲二國憂註魯據周禮○案周禮即韓宣子所見易象與春秋齊人不知曰爲儒書註推言其意謂齊笑魯據周禮不肯答稽首以致二國遠涉閣本坊本周禮作用禮非

二十六年傳爲夷儀之盟而君入註在僖二十六年○案衛侯衎歸衛乃襄二十六年非僖也今改正

四方其順之○順 殿本閣本作訓案今詩本作訓然以疏考之原作順

二十七年傳言及子贛註思子贛○ 殿本閣本無此三字

惡而無勇何以爲子註簡子廢嫡子伯魯而立襄子○廢嫡閣本作奔敵 殿本監本作舍嫡俱無伯魯二字案史記趙世家襄子名毋恤子卿見毋恤曰眞將軍簡子不之信也他日以寶符之説試諸子知毋恤

果賢廢伯魯而立之蓋原本根據史遷及說諸本訛
脫

圖書在版編目（CIP）數據

春秋經傳集解 /（晋）杜預撰；（唐）陸德明音義
. —上海：上海古籍出版社，2022.9（2023.9重印）
（武英殿仿相臺岳氏本五經）
ISBN 978－7－5732－0314－4

Ⅰ．①春…　Ⅱ．①杜…　②陸…　Ⅲ．①《左傳》－注釋　Ⅳ．①K225.04

中國版本圖書館CIP數據核字（2022）第107542號

武英殿仿相臺岳氏本五經

春秋經傳集解

（全五册）

［晋］杜預　撰　［唐］陸德明　音義

年表［□］□□　撰　名號歸一圖［後蜀］馮繼先　撰

上海古籍出版社出版發行

（上海市閔行區號景路159弄1-5號A座5F　郵政編碼201101）

（1）網址：www. guji. com. cn

（2）E-mail：guji1 @ guji. com. cn

（3）易文網網址：www. ewen. co

常州市金壇古籍印刷廠有限公司印刷

開本890×1240　1/32　印張78.75　插頁25

2022年9月第1版　2023年9月第2次印刷

ISBN 978-7-5732-0314-4

B·1263　定價：498.00元